本书编委名单

主　编

何　妍　《中小学心理健康教育》杂志主编,《心理技术与应用》杂志常务副主编

俞国良　中国人民大学教授、博士生导师、心理研究所所长

副主编

高永金　广西教育研究院，心理教研员，正高级教师

庞红卫　浙江教育科学研究院副院长，副研究员

田　丽　黑龙江教师发展学院基础教育教学研究培训中心主任，二级教授

编　委

白玉萍　北京教育科学研究院德育研究中心心理项目组负责人，研究员

白　晔　北京教育学院石景山分院心理健康教育研究中心主任，中学高级教师

马立新　北京市怀柔区教科研中心德育教研室主任，中学高级教师

邱立君　北京市昌平区教师进修学校德育教研室主任，中学高级教师

赵晓颖　北京市东城区教育科学研究院德育部主任，中学高级教师

杨　春　天津师范大学心理学部，教授

刘　曼　天津师范大学心理学部，高级政工师

贺银瑞　河北省教育科学研究院政策理论研究室主任，研究员

王　锃　河北医科大学心理健康教育研究与咨询中心主任，副研究员

裴秀芳　山西省教育科学研究院，研究员

贺洪英　山西省临汾市教育局，中学高级教师

安彩红　山西省长治市未成年人心理健康教育指导中心负责人，长治市第一中学校心理辅导中心副主任，中小学一级教师

牛　泉　山西省朔州市教育局，四级调研员

刘春建　内蒙古自治区教学研究室心理健康教研员，内蒙古心理健康教育学科带头人，中学德育高级教师

李玉荣　辽宁省大连教育学院德育心理部主任，教授

刘淑红　辽宁省教育学院心理健康教育教研员，中学高级教师

袁景颖　辽宁省抚顺市教师进修学院德育部副主任，心理健康教育教研员，中学高级教师

朱　峰　辽宁省辽阳市第二高级中学校长，中学高级教师

王会平　吉林省教育学院副主任，教授

江颖丽　黑龙江省佳木斯市教师发展学院心理健康教研员，副教授

李云胜　黑龙江省哈尔滨市第一二四中学党支部书记、校长，中学高级教师

马永春　黑龙江教师发展学院心理健康教研员，助理研究员
沈之菲　上海市教育科学研究院，上海学校心理健康教育发展中心副主任，研究员
傅　宏　南京师范大学心理学院，教授
赵世俊　江苏省常州高级中学学生发展指导中心负责人，常州市未成年人成长指导中心首席咨询专家、督导，心理健康教育特级教师
陈　静　江苏省镇江市江南学校，中学高级教师
林　静　江苏省南京市教育科学研究所心理科研员，中学一级教师
徐　琳　北京师范大学南湖附属学校校长，中学高级教师
张丽萍　浙江省舟山市普陀区中小学心理健康教育中心副主任，中学高级教师
章建华　浙江省杭州市城西中学副校长，中学高级教师
陈启刚　安徽省教育科学研究院，高级教师
李　妮　安徽省合肥市教育科学研究院心理教研员，高级教师
王　标　安徽省滁州市教育科学研究院心理教研员，高级教师
高思刚　福建省厦门市教育科学研究院教科室主任，厦门市中小学心理健康教育指导委员会领导小组办公室副主任，高级教师
何金文　江西省教育厅教研室教研员，中学高级教师
许爱红　山东教育电视台终身学习推广中心主任，研究员
高海英　山东省济宁市教育科学研究院质量监测评价部副主任，高级教师
宋冰冰　山东省潍坊市教育科学研究院心理健康教育教研员，高级教师
田　文　山东省烟台市教育科学研究院主任，中学高级教师
史彩娥　河南省基础教育课程与教学发展中心，正高级教师
尚新华　河南省郑州市教育局教学研究室，中小学正高级教师
王献甫　河南省实验小学校长，中小学高级教师
张世平　河南省平顶山市教育局基础教育教学研究室，中小学高级教师
廖兆慧　湖北省教育科学研究院中小学心理健康教育教研员，中学高级教师
陈敏丽　湖北省武汉市教育科学研究院中小学心理健康教育研究室主任，中学高级教师
曹曼琳　湖北省宜昌市教育科学研究院心理教研员
梁剑玲　广东省中山市教育教学研究室心理健康教育教研员，中学心理正高级教师
符　明　海南省教育研究培训院心理健康教研员，副研究员
刘衍玲　西南大学心理学部，教授
邓公明　重庆市铜梁中学校学生发展指导中心负责人，铜梁区心理健康教育邓公明名师工作室主持人，中学高级教师
彭华军　云南省昆明市第三十中学（南菁学校）副校长，中学高级教师
丁晓玲　宁夏教育厅教学研究室，中小学心理健康教育和班主任工作教研员，中学高级教师

中小学心理健康教育案例选编

MENTAL HEALTH EDUCATION

（第一辑）

何 妍 俞国良/主编

人民出版社

目　录

二、理念与方法

三、课程与资源

前　言

儿童青少年是国家的未来，儿童青少年的健康发展关系到一个国家未来的人口素质、综合国力和经济全球化时代的国际竞争力。然而在社会转型的特殊历史时期，随着社会心理变迁的不断加速，中小学生的心理健康问题也日益复杂、心理健康状况不容乐观。国家已就社会心理服务和促进青少年健康发展提出了一系列新理念、新思想和新举措，全国各地区各学校也开展了卓有成效的探索和实践，取得了很多新进展和新成果，已成为全面推进素质教育新的突破点和着力点，为加强和完善中小学德育工作作出了独特贡献。

为更好地挖掘特色思路和模式、推广先进经验与做法，促进各地各校间的广泛交流，我们与人民出版社共同策划出版了《中小学心理健康教育案例选编》。本书所言案例特指中小学心理健康教育的工作样例，主体方面，可以是区域的模式创新，也可以是学校的实践探索；内容方面，可以是宏观的体系构建，也可以是微观的个案辅导；对象方面，可以是针对学生的课程设计，也可以是针对教师的专业培训……本次案例征集，得到了各地区各学校的热烈响应，我们收到了来自全国 31 个省自治区直辖市的大量投稿，受篇幅所限，只有部分特色案例入选本书，计划分两辑出版，第一辑包含体系与模式、理念与方法、课程与资源三个板块；第二辑主要由辅导与个案、师资与培训、家校与生态三部分内容组成。

本书的出版旨在推动中小学心理健康教育的创新与优化，使之能更好地为中小学生乃至社会经济的可持续发展服务。当前，我国正在不遗余力地进行“社会心理服务体系”建设，社会心理服务是促进经济社会协调发展、实现国家长治久安和中华民族伟大复兴中国梦的一项重要工程，而心理健康教育和心理健康服务是为社会心理服务打基础、夯地基的基础工程。时代要求心理健康教育工作者提高站位，即站在时代的制高点上，在社会心理服务大框架下讨论与实践心理健康教育、心理健康服务，这是我们开展中小学心理健康教育应持的基本立场。目前，我国学校心理健康教育正从教育模式向服务模式转变，这种转变是历史的必然，也是学校心理健康教育发展的必然，这种转变顺应了国际心理科学发展的新趋势、新潮流，我们从本次大量的来稿和案例中也发现了这一趋势和变化。以下是对本书案例中心理健康教育工作特点的不完全概括，这些特点有些已经普遍显现和存在，有些还只是“小荷才露尖尖角”的萌芽，但代表了未来心理健康教育工作专业化发展的趋势和方向。

1. 整合化与区域化

随着学校心理健康服务功能的不断扩展、延伸，涉及的人员和部门也越来越多，为了适应新的发展需要，学校心理健康服务逐渐呈现出整合化的趋势。此外，学生的发展受多个系统和环境因素的综合影响，学校心理健康教育的有效开展，除了不断提高从业人员专业水平，还需要整合更多、更优质的资源为学生的全面健康发展服务。从本次征集的案例来看，这种整合化主要体现在三个方面：一是学校内部的整合，如，上海南洋中学构建“五育融合，立德育心”模型，挖掘五育中的心育元素，在整合中促进学生积极情感的发展和培育；大庆市第十九中学以环境心理学为理论依据，为学生创建整合的“环境育心”行为情境和软环境系统，通过浸润式潜移默化的影响促进学生心理健康发展。二是区域内校际之间的整合，如，钦州市外国语学校构建整合型心理健康教育学校共同体，打造了“特色学校、学区学校、联盟学校、帮扶学校”心理健康教育整合发展生态，解决强校、普校、弱校协同育人问题；青岛市市南区以科研课题为抓手，整合区域内10所实验学校资源，选择“团体辅导在中学中的应用”作为工作的突破点，扩大了心理健康教育的受益面。三是更广泛的社会资源的整合，如，上海市建平中学每年与各行各业社会责任感强的机构签约形成150家左右的职业体验基地，构建了“家—校—社”协同的资源共建生态系统，形成了协同育人的伙伴关系，提升了合力育人的效果；海口市滨海第九小学通过利用社会大课堂资源、发挥家庭教育主阵地、开展网络线上主题活动三方面的合力开展生命教育，从而提升了生命教育的在校影响力和辐射范围。此外，还有更大范围的社会资源整合，包括专业的心理服务机构或与学生发展相关的社会团体，如妇联、关工委、教科文体卫机构等；也包括各种校外课程资源，如校外图书馆、科技馆、博物馆、网络资源、乡土资源、职业体验资源等。

区域化推进心理健康教育工作则为学校整合不同类型、不同层面的优质资源提供了更好的机制与平台。从区域层面整合资源、统筹协调，建立区域心理健康教育体系，全面推进中小学心理健康教育均衡发展是近些年我国中小学心理健康教育工作的重点之一，能够有效地解决单个学校难以建立系统工作机制、难以自主更新理念、整体工作效果和教师专业化受限等问题，2012年教育部命名了首批20个心理健康教育示范区，这一举措标志着从国家层面对加强区域心理健康教育工作的高度重视，也极大加速了心理健康教育在政府主导、行政助推方向上的区域化发展。本书也遴选了部分区域化发展的案例，如江苏常州市立足心理育人目标，构建“365”心理服务体系，贯彻落实“三全育人”举措；山东烟台市强化顶层设计，搭建团队平台、课题平台、实践平台和课程平台，构建“多维一体”心育支持系统；山东荣成市借助“互联网+”和大数据的优势搭建区域心理平台，深入、精准地找到了一条适合全市中小学心理健康教育发展之路；天津市静海区本着“整体规划、精心实施、稳步推进、务求实效”的工作思路，根据涉农区域现状和特点，构建了“1234N”课程心育模式……区域化整体推进有利于进行最优化顶层设计，确保工作目标的系统性；有利于建立协同工作机制，确保各项工作的有效性和专业性；有利于拓展工作的模式和途径，深入地开展以发展性、预防性为主的心理健康教育；有利于建立分级分类心理健康教育能力提升体系，从而切实培养学生的健康心理和健全人格。

2. 专业化与精细化

除了面向全体学生开展预防性与发展性的心理健康教育工作，学校还需要帮助个别学生解决个性化的心理与行为问题，因此，提供专业化与精细化的心理健康服务是学校心理健康教育朝着纵深方向发展的重要环节。

本书案例中心理健康教育专业化的特点主要表现为：一是提升教师专业水平。如，上海格致教育集团构建一体化教师学习共同体，跨学段联动促进教师专业发展，增长了教师的专业智慧，也温润了学生的心灵；衢州市实验学校教育集团开展“三化”融入式心理健康教育校本培训，促进教师迅速成长，促进学校和谐发展、带动了区域整体发展。二是丰富心理辅导形式。很多学校除了开展常规的个别辅导和团体小组辅导以外，还创造性地使用了多种适合本校校情与学生学情的辅导形式，如，广东中山市中等专业学校和上海市崇明中学充分发挥学生的自主意识和主动精神，开展朋辈心理辅导，切实助力学生的自我发展和成长成才；太原市实验小学、银川市第四中学、牡丹江市长安小学等学校充分利用互联网优势，借助新媒体开展线上心理辅导，使心育工作打破地域和时间限制，更具活力、更加高效。三是提供个性化心理服务。如，北京市第二中学定期召开“导师·家长茶叙会”，取代了传统的家长会，由一位导师指导十名学生，导师针对每个受导学生的特点向其家长提出学业、生活、品行、心理等方面的个性化指导意见；上海市建平中学、黑龙江省实验中学开展基于学生发展需求和个人优势的生涯教育，为学生提供个性化的生涯规划指导；合肥市香格里拉小学以心育促进特殊儿童社交水平，帮助随班就读的特殊儿童顺利融入班集体，也促进了正常儿童与特殊儿童的社交能力的交互提升。

本书案例中心理健康教育的精细化特点主要表现在心理疾病的预防与

危机干预方面：一是全面的日常危机预防，增强了预防的针对性。如，杭州市城西中学构建具有较强可操作性、深入性和实效性的“1+X”介入式心理危机干预体系，为存在心理危机的学生提供及时性和专业化的早期识别与干预，有效防范心理危机事件发生并弱化其影响；广东省中山市“以学生为中心”作为心理危机管理工作的重点，构建“3+3+3”心理危机管理协同联动模型和相应的工作机制，增强了危机预防和干预的针对性，有效促进了学生的心理健康。二是高效的危机联动机制，提升了危机发生时的应对效率。如，浙江省衢州二中与医院联合搭建集“心理预防、心理筛查、心理咨询、心理治疗、心理评估、心理培训”六位一体的工作机制，规范化、制度化地开展中学心理健康医校结合工作，为学生创设了一个更加安全、科学、有效的咨询和治疗途径；上海市华高小学通过建立“医教协同、家校合作”的学校心理健康教育工作支持系统，不断深化课题研究，探索出了有效治疗 ADHD 儿童的融合干预模式。三是班主任队伍的加入，充实了危机预防与干预的力量。班主任队伍作为心理健康服务体系的重要组成部分，能够覆盖到全体学生并对学生较熟悉。以上海市青浦高级中学、舟山市东港中学、华东师范大学附属天山学校为代表的众多学校都对班主任参与危机预防与预警，班主任接受危机预防、识别与干预培训进行了积极的探索，对于推进学校心理危机预防与干预服务系统的建设具有重要的意义。

3. 全员化与全程化

对于中小学来说，心理健康教育工作开展得好坏，很大程度上取决于是否拥有一支素质精良的专业队伍，是否能够形成全员参与并渗透全程的强大教育合力。目前来讲，在学校心理健康教育工作中，普遍的情况是，专职教师和心理健康专业人员是先锋，解决的是严重的和棘手的专业问题；兼职心理健康工作者是主力，任务是日常维护和重点监管。但要做好心育工作，仅仅依靠这两股力量还不够。学校心育应更多是防微杜渐、预防为主，而重点不应是产生问题之后再进行专业处理。这就要求全体教师要提高心理健康的意识。在教学教育过程中，能够采用正确的方法，自觉做学生心理健康的“保健医生”；在与学生的日常接触中，能够下意识地发现学生的心理问题或心理问题的隐患，及时预警。不仅如此，很多学校还要求全体教师“自觉地在各学科教学中遵循心育的规律，将适合学生特点的心育内容有机渗透到日常教育教学活动中”。并由此形成全员化与全程化的心理健康教育工作格局，如，大连市青泥洼桥小学架构独有的“一主两翼八项三层”的“青·心”心育课程体系，以校长为龙头，以心理健康教育工作室为引领，在全员参与基础上，实行规范而实效的课程管理；合肥市六安路小学翠微分校以大心理健康教育观为指导思想，以全方位、无死角、全员式、重渗透为工作思路，创造性地建立第一班主任和第二班主任制度，并充分发挥体育教育办学优势，起用艺体老师担任班主任，大大提升了学校心育实效和办学质量；芜湖市环城西路小学、天津市滨海新区大港第二小学、广东省中山市桂山中学、四川省成都市石室天府中学等学校也都在全员参与、全程渗透方面开展了有益的探索和实践。

除了以上特点，我们也应该清醒地认识到现阶段心理健康教育工作中还存在诸多不完善、待改进的地方，比如心理健康教育的开展尚存在地区不均衡性、很多学校并未建立危机预防与干预的长效机制、心理健康教育的学科渗透还存在困难、心理健康从业者的专业化水平有待提高、心理健康教育的开展形式还需要进一步丰富等。未来，中小学心理健康教育要进一步提高实效性和科学性，加强现代学校心理辅导制度建设是核心，编制具有中国本土特色的中小学生心理健康素质指标是基础，从实施心理健康教育走向心理健康服务并建立服务体系是途径，提供适合中小学生发展需要的心理辅导与心理健康服务是关键。教育部强调要“把全面加强和改进学生心理健康教育工作作为培育担当民族复兴大任的时代新人的重要内容”，这是每一位心理健康教育研究者和实践者的时代使命和责任担当，让我们共同努力！

本书的编写得到了全国各地心理健康教育工作者的大力支持，包括各级心理教研员、中小学校长、心理教师、班主任、学科教师等，在此表示衷心感谢，并特别鸣谢以下供稿人：

陆婷婷　上海市崇明中学

李　霞　上海市南洋中学

朱久良　浙江省衢州市第二中学

梁剑玲　任婷婷　广东省中山市教育教学研究室

纪红梅　天津市静海区教师发展中心

王一凡　江苏省常州市未成年人成长指导中心

李达通　张力　丰良兴　韦柳叶　白静　莫晓燕　广西钦州市外国语学校

章建华　浙江省杭州市城西中学

刘　钢　天津市滨海新区大港第二小学

曹雪玲　浙江省舟山市普陀区东港中学

苏艳波　吴俏琴　广东省中山市火炬开发区香晖园小学

薛　倩　安徽省芜湖市环城西路小学

马玉珊　天津市第四十七中学

罗　丹　华东师范大学附属天山学校

李哲浩　上海市青浦高级中学

康元艺　上海市市西中学

王崇宝　山东省烟台市教育局开发区分局

孙淑杰　山东省荣成市教育和体育局

孟泓沁　薛敏　四川省成都市石室天府中学

沈闻佳　华东师范大学第一附属中学

王黎平　苏艳波　李红振　浙江省海盐高级中学

耿　妍　江苏省徐州经济技术开发区高级中学

马立新　钟赫杰　北京市怀柔区教科研中心

祁　兵　黑龙江哈尔滨市第四十七中学

何竞轩　辽宁省大连经济技术开发区第十高级中学

吕　龙　北京师范大学万宁附属中学
张晓华　黑龙江省大庆市第十九中学
甘志筠　上海理工大学附属中学
郭丽娜　北京第二外国语学院附属中学
张晓冬　上海市建平中学
孙秀莉　田绪双　黑龙江省哈尔滨市第一中学校
张娉婷　吉林省牡丹江市第二高级中学
刘　静　辽宁省抚顺市顺城区将军第三小学校
邓秀平　广东省中山市桂山中学
齐庆军　吉林省吉林市第五十五中学
王崇巍　黑龙江省牡丹江市长安小学
李　玉　山西省太原市实验小学
金婉娟　上海市松江区仓桥学校
周　建　南京师范大学附属中学江宁分校
苏宇凡　黑龙江省佳木斯市第八中学
李　娜　辽宁省大连市中山区青泥洼桥小学
雷小云　广东省中山市东区朗晴小学
高孟霞　安徽省肥西师范学校
王梓寒　黑龙江省佳木斯市第十九中学
于　淼　黑龙江省实验中学
刘保健　海南省海口市滨海第九小学
吕燕红　安徽省合肥市六安路小学翠微分校
李艳艳　海南省国兴中学
李云胜　曾葵葵　黑龙江省哈尔滨市第一二四中学校
方　锐　安徽省合肥市香格里拉小学
涂红涛　广西柳州市第三中学
唐周敏　广西柳州市第四十六中学

孟凡琦　吉林省吉林市第一实验小学
涂红涛　广西柳州市第三中学
韩鑫桐　吉林省吉林市第一中学
张志峰　安徽省肥东县第二中学
黄圣草　海南省文昌中学
陈韵君　海南中学
时艳秋　江苏省沛县中等专业学校
云晶晶　海南省文昌中学
丛　坤　辽宁省本溪市第二高级中学
周丽娟　宋秋菊　黑龙江省宁安市东京城林业局第三中学
松　梅　山东省青岛市市南区教育研究中心
冯　璐　江苏省徐州市第三十六中学
胡翠萍　安徽省合肥市和平小学
李志蓉　北京市昌平区阳坊学校
梅小芬　安徽省肥西县严店乡中心学校
刘肖肖　北京市京源学校
苏　娟　安徽省合肥市六安路小学翠微分校
胡秀洁　湖北省宜昌市第十六中学
孙世红　郑子琪　辽宁省本溪市高级中学
刘　宁　辽宁省盘锦市第一完全中学
张　静　辽宁省营口实验中学
白容容　辽宁省营口市教师进修学院
范　政　吉林省吉林油田第十二中学
张　岩　吉林省长春吉大附中力旺实验小学
邵　洁　安徽省滁州市扬子路小学
孙开霞　江苏省大港中学
李　娟　安徽省安庆市宿松中学

白容容　辽宁省营口市教师进修学院
袁景颖　辽宁省抚顺市教师进修学院
汤池武　江苏省南京市宁海中学
石　娟　首都师范大学大兴附属中学
刘　静　黑龙江省哈尔滨市风华中学
刘细瑞　安徽省池州市石台县丁香中心学校
张家丽　广西桂林市象山区二塘初级中学
马妮娜　天津市河东区特殊教育中心
白　晔　北京教育学院石景山分院
董海玲　山东省烟台经济技术开发区第四小学
周　隽　上海市格致中学
王文森　吴美姣　金　灿　浙江省衢州市实验学校教育集团
谭　飞　云南财经大学附属中学
史蕾杨　宁夏银川市第四中学
冀红杰　王晓磊　郭俊彬　北京市第二中学
张琪娜　上海市浦东新区华高小学
韦柳叶　广西钦州市外国语学校
胡　娜　江苏省常州市未成年人成长指导中心
孙军伟　山东省荣成市石岛实验小学
王　芳　江苏省镇江市江滨实验小学
秦红云　安徽省合肥市肥东县实验小学
董　巍　辽宁省实验学校
关文慧　吕明楠　黑龙江省齐齐哈尔市昂昂溪区水师营满族镇中学
汤林燕　北京师范大学南湖附属学校

何妍　俞国良

2022 年 5 月

一、体系与模式

自主心育：激活学生生命成长的原动力

——上海市崇明中学“自主心育”实践

情况概述

上海市崇明中学地处上海远郊崇明岛，是一所以“自主发展”为办学特色的市实验性示范性高中。历经二十多个春秋的探索与积淀，逐步形成了以“自主心育”为特色的学校心理健康教育。所谓“自主心育”，即通过师生互动、同伴互助，充分激发受教育者的主体意识和主动精神，培养学生具有在悦纳自我中增强自信、在包容他人中学会调适、在面对问题时敢于担当的境界与气度，进而为学生的自主发展提供积极心理支持。2014年，该校被评为新一轮上海市中小学心理健康教育示范校；2015年，获评全国心理健康教育特色学校。

主要做法

1. 营造良好自主心育氛围，增强学生自我调适意识

崇明中学把学生心理品质的培养作为一件大事来抓，放在学校工作的突出位置。将自主心育融入学校整体发展规划中，在促进心育理念全员普及的过程中，努力打造“三支队伍”。包括覆盖校级分管领导、中层干部、

班主任、学科教师和心理教师的“教师队伍”，基于“健康的家长才能成就健康孩子”理念组成的“家长队伍”，以及特色的学生“朋辈心理辅导员”队伍。三支队伍的打造，形成了全员参与的自主心育氛围，不断提升学校的心育效能。

学校也注重用学生自己的作品和自主策划的活动成果装饰校园。校报《崇中园》“心心点灯”板块、《崇中家长报》、“崇明中学”微信公众号、校园广播、校园电视台，这些线上线下的媒体，极大地丰富了校园精神文化。

同时，一系列学生自主管理、自主评价机制，也形成了良好的制度文化，进一步助力学生不断激发自主精神，凸显主体力量，在志向追求上自强，在品格修炼上自律，在知识探究上自主，在生活管理上自理。

2. 实施自主心育校本课程，提升学生自主调节能力

崇明中学从学生的主体需求和兴趣出发，构建了自主心育课程体系，三类课程相辅相成，共同促进学生的成长和自我完善。

基础课引导学生主体参与、积极体验。其中，高一年级第一学期聚焦学习适应、人际沟通、情绪调适、生命教育，高一第二学期聚焦自我认识、生涯辅导和青春期话题，高三则聚焦自我松弛、考前调适。学校心理课不拘泥于传统的教学模式，它融教师授课、主题讨论、团体互动等多种形式于一体，让学生学会在体验中感悟问题，在感悟中消解烦恼，增强自我调节的能力，从而提高心理素质、促进心理健康。

拓展课由学生自主选课、自主活动、自主调适。学校开发形成了一系列较受学生欢迎的选修课程，如“朋辈心理辅导员培训”“电影中的心理学”等。这些课程将心理健康和不同元素相结合，既有趣味性又有实用性，受到学生的一致欢迎和好评。

研究型课程由学生自主选题、自主研究。几年来，学生在教师指导下开展了大量的心理课题研究，如“崇中学生适应性调查”“崇中学生睡眠质量调查”等，不仅培养了独立、创新的精神和能力，也在获得科学调查

经验的同时更好地认识和调适了自己，提升了心理健康水平。

3. 注重自主心育学科融入，激活学生自主学习能力

学校注重自主心育理念在学科教学中的充分融入。学科教师根据学科、教材以及学生的心理特点，注重挖掘教学过程中的心理教育资源，运用心理学的原理和方法，在授予学生知识、技能，发展他们智力和创造力的同时，也不断注重转变自身的教学行为。在自主心育理念的引领下，学科教师能更多关注到学生的个别差异，更能发现学生的优势，也更能悦纳学生的问题，在教学中也更加注重激发学生的学习内驱力。教师教学行为的转变营造了更加民主和谐的学习氛围，使学生更加乐于学习、善于思考、敢于提问，能够用更积极的心态去处理学习和生活中的问题。在这样的学习氛围中，学校学生从旁观者变为参与者，成为学习的主体；学校教师从知识的传递者变为引导者，学生的学习方式从被动接受变为主动探究。

4. 搭建朋辈心理辅导平台，发展学生自助互助能力

学校借鉴高校相关经验，基于高中生年龄相当，经历、体验、价值观念、生活方式、关注问题等相似的特征，通过班级推荐加自荐的方式选拔出一批对心理学有兴趣，积极热情，乐于助人，同时具有更好的沟通交流能力的学生组成一支朋辈心理辅导队伍。学校心理专职教师在拓展课中专门开设了“朋辈心理辅导员”培训一课，培训的形式以团辅体验和理论知识培训相结合。团辅主题以团队建设、人际沟通、情绪调适等为主，同时将心理辅导会谈的基本理论技巧，如倾听、共情、非言语交流等融入其中。同时，校内外的心理辅导机构的地点、开放时间、预约方式以及心理危机的信号辨别、基础干预技能、心理辅导伦理等信息和知识的普及和学习也是培训的重要内容。通过主体体验和理论技能学习，进一步提升了学生的朋辈心理辅导能力，他们以“非正式”的形式参与到学校心理辅导的工作中，充分发挥了学生在学校心育中的自主性，进一步增强了自我价值

感，提高了自我认同感，提升了心理健康水平和心理能量。

5. 开展自主实践体验活动，激发学生自主发展潜能

素质教育的核心是培养学生的创新精神和实践能力。所以，学校把自主心育理念融入各类社会实践活动中，引导学生在社会参与中提升自主心育效能。

崇明中学引导学生在“创新论坛”时间就各类心理相关的话题，如“崇中生活那些事儿”“我看压力与动力”“未来 10 年哪些职业可能会被淘汰”等展开思辨交流；组织社团成员走上街头，用问卷的形式向居民宣传心理健康自我保健科学知识；带领部分社团骨干成员赴港西镇“小英工作室”，和当地的留守儿童以及监护人互动，给予他们心理方面的关注和支持；组织学生参与到诸如“新华医院流动图书馆”等品牌志愿者服务项目中去；结合学校的特色项目“崇明百里行”的开展，带领学生走出校园，走进社会，了解社会发展的现状。在这个过程中不断增强学生关注自我、关注他人、关注社会的意识，提高了学生的人际交往、团队协作能力，促进了学生的生涯思考、社会融合和人格完善，让学生在社会参与中体会到自我价值实现的成就感。

延伸阅读

自主心育实施的背景及理论基础

教育部印发的《中小学心理健康教育指导纲要（2012 年修订）》指出：对高中阶段学生实施心理健康教育，应该帮助学生确立正确的自我意识，树立人生理想和信念，形成正确的世界观、人生观和价值观；要引导他们在充分了解自己的兴趣、能力、性格、特长和社会需要的基础上，确立职业志向，培养职业道德意识，进行升学就业的选择和准备，培养担当意识

和社会责任感。自主心育的实施就是在不断激发学生主体性和内驱力的过程中提升其自主发展的意识和能力，这符合国家对学校心育工作实施的要求，也符合时代对人才培养的要求。

朋辈，就是“朋友”和“同辈”的合称，朋辈心理辅导是指年龄相当者对周围需要心理帮助的同学和朋友给予心理开导、安慰和支持，提供一种具有心理辅导功能的帮助，具有自发性、义务性、亲情性、友谊性和简便有效性的特点。朋辈心理辅导改变了只有专业的心理辅导教师才能开展助人活动的状况，让更多的学生成为学校心理辅导的主体，充分发挥了学生在学校心育中的自主性。

主要启示

1. 学校心育特色的凝练要充分结合学校的办学特色

对学生健全人格和良好心理品质的培养是学校育人的重要抓手，所以心理健康教育在学校的有效开展一定要充分结合学校自身的育人目标和办学特色，这样才能更好地将心育理念充分融入学校教育教学全过程。崇明中学的自主心育特色就是充分结合学校“自主发展”特色凝练而成的，在“志存高远，自强不息”的学校文化引领下，不断激发学生主体意识，在不断“整其形、端其心、显其韵”中，怡养学生性情、陶冶学生心灵，培养学生成为自信和阳光的大写的“人”。

2. 学校心育特色的凝练要充分结合学生的成长环境

学生的成长是家庭、学校和社会三个环境共同作用的结果，其中社会环境是最容易在教育中被忽略和弱化的。事实上，外部环境对人的影响是重要的心育共性资源。崇明中学地处上海远郊崇明岛，受到浓厚的岛屿文化影响，学生大多淳朴善良、谦逊有礼、刻苦上进。然而也正是由于地域的局限，部分来自农村的学生有着“小书包”翻身的想法，学习带有功利性，个性胆怯封闭，缺乏全面发展的意识和眼光；而一些来自岛内城镇家庭的学生则容易产生“小富即安”的心理，自我要求不高，缺乏自我规划意识。针对学生的这些相对共性的心理特点开展普适性的教育和引导，有极大的现实价值。

3. 学校心育特色的凝练要充分结合学生的特点与需求

不同年龄阶段的学生，在心理发展特点和需求上呈现出明显的差异，心理健康教育一定要建立在充分了解教育对象的基础上。崇明中学为寄宿制高中学校，学生自我意识高度发展，心智水平发展到了一定程度，具备自主发展的可能性。基于学生这样的特点，实施以激发主体内驱力和主动性的自主心育，能够真正满足学生的发展需求，切实助力他们自我发展和成长成才。

五育融合　立德育心

——上海市南洋中学心理健康教育特色实践

情况概述

上海市南洋中学是国人自主创办的第一所新式学校，百廿年来，学校一直坚守"知行并进、为己积福、为家增光、为国桢干、为天下肇和平"的育人思想。自1896年建校以来，在"知行并进"育人思想引导下，学校以文化自信推进文化育人，植根中华优秀传统文化，坚持立德树人，形成了以"育人为本，德育为先，心理和谐，共同成长"的心育文化。学校心育起步于1992年，经历"课堂心理环境育人""构建心理健康教育课程体系""设境体验、知行并进"三个阶段后探索形成了"五育融合立德育心"心育模式，实现了心育与五育的全面融合，并公开出版了《设境体验知行并进——中学心育实务ABC》《五育并举立德育心》两本心育著作。

主要做法

1."五育融合，立德育心"模型

南洋中学在新时代背景下培育具有文化底蕴、自主发展、社会参与的全面发展的学生，构建"五育融合，立德育心"心育模型，注重心育与五

育的有机融合。主要做法：一是挖掘五育中的心育元素，在整合中促进学生积极情感的发展和培育；二是将科学的心理学技术方法融入五育当中提升五育效率。进而在“德心”融合中，侧重提升学生内化力；在“智心”融合中，侧重提升学生驱动力；在“体心”融合中，侧重提升学生抗逆力；在“美心”融合中，侧重提升学生悦纳力；在“劳心”融合中，侧重提升学生责任力，旨在培育新时代背景下具有家国情怀、科学头脑、强劲体魄、美学素养，能从事创造性劳动的全面发展的时代新人。

2.“立德育心”心育课程体系

（1）“设境体验立德育心”心育基础课程。运用“设境体验”教学模式，开设面向全体高一学生必修的40课时，包含“完善自我、学会学习、学会交往、社会适应和生涯展望”五大模块，促进学生同一性发展，培育“自信”心理品质；开设面向高二学生选修的60课时“心理学与个人成长”拓展选修课程，通过“目标专注、情绪控制、积极认知、家庭支持、人际协助”等五个方面培养“韧性”心理品质；开设面向高三学生必修的2课时心理基础课程，“发挥力量，笑迎高考”，培育“负责”心理品质。

（2）“心育文化月实践”课程。校园文化建设注重人文关怀和心理疏导，创设符合心育要求的物质环境、人际环境和心理环境，开设面向全体学生，每学期一次，每次为期一月的“和谐心灵，共筑心幸福”心育文化月活动，每期有相应的主题。活动已坚持19年，共计开展38届，荣获多项市区级奖项，成为学校品牌项目。

（3）团体心理辅导自助互助课程。一是在自主互助体验课程中提升学生心理品质。由学生“心灵伙伴”志愿者自主管理，平均每学期有近千人次在心育中心参与自主自助体验课程。二是开展团体心理辅导活动。根据学生需求，学校开展“人际交往小团体辅导”“团体沙盘游戏小组辅导”等体验式小团体心理辅导活动。三是关注个别学生的心理问题，根据学生的情况及时识别、辅导、转介等，助力每个学生健康成长。

2."五育融合　立德育心"心育特色实践

（1）"德心"融合，塑造健全人格，提升学生内化力。学校实施德育与心育融合，心育保证德育有效开展，德育促进心育养成，在教育内容和形式上相互交叉、相互渗透，彼此融合。

德育与心育在课程中相互融合，提升内驱动力。心育课堂与德育课堂融合，由班主任开展心理主题班会课程，即高一认同教育，高二坚韧教育，高三责任教育。每位学生三年来至少参与六课时心理主题班会课程，经过多年积累，形成了《关注心灵，共同成长》班主任心理主题班会校本教材。

德育活动中主动融入心育内容，做到知行并进。学校在大型德育活动中融入心育内容，开展职业生涯体验、志愿服务岗、个性化社团活动等，育德与育心相融合。

在学生日常教育中渗透心理辅导手段，夯实育德育心。营造健康心育氛围，打造"和谐校园，和谐班级"，调动一切积极因素构建健康的心育氛围，促进和谐的师生、生生关系的形成。

班主任是学校心育三级预防系统中"关注每个学生健康心理"层面最主要的实施者。班主任可以向心育教师推荐学生进行心理辅导，心育教师给班主任开展培训案例督导；为了提高班主任心育意识，掌握学生心理辅导的方法，心育教师与德育主任共同决策，参与对班主任心育的研讨和培训，形成了"以德养心、以心育德"学生教育工作的有效途径。

（2）智心融合，打造活力课堂，提升学生驱动力。全体教师在课堂教学中渗透学校"优化课堂心理环境"的理念，贯彻课程整合思想，遵循"设境导学"原则，有效促进面向全校所有学生的课堂教学心理育人目标的达成。

具有国家二级心理咨询师资格的何臻老师在语文课开设了一节"香菱学诗"市级"智心融合"展示课。英语教师陈孝雯开设了英语市级公开课

“*Career Skills*”，培养学生积极为未来做好准备的生活态度，引导学生认识自我、完善自我。

此外，《初探设境导学模式在地理教学中的运用》一文获得上海市徐汇区第十届教育科学研究成果二等奖；《情境，让词汇教学不再枯燥》等20余篇教师在实践中渗透心理健康教育的论文在核心期刊发表，并汇编成《教师心理健康教育论文选编》。学校将“设境导学”模式融入每门学科中，出版了《设境导学思维再造》《设境导学实验创新》数学和物理学科书目。

（3）体心融合，培育阳光心态，提升学生抗逆力。学校心育中心与体育组合作，共同研讨心理游戏与体锻活动的融合，开发设计有利于学生身心健康成长的富有心育特色的“心理拓展运动会”体锻课程，探索阳光体育与阳光心灵的融合实践。学生自主创办了“阳光体育节”并进行了区级展示。

学校三名体育教师参加了上海市“团体心理游戏培训”课程班，组织学生自主策划了“心理特色”体育节、“心理拓展运动会”等项目，开发了“乐扣乐扣”“坦克链”“赛龙舟”等活动。

校园攀岩特色项目更是助力学生在身体力行中历练自信、韧性、负责等心理品质。上海市南洋中学学生代表中国中学生队参加了在法国奥伯纳举办的第一届世界中学生攀岩锦标赛。《文汇报》报道了南洋中学智育、体育、心育完美融合，使体育课由“苦”变“酷”的实践经验。

（4）美心融合，创意艺术表达，提升学生悦纳力。运用“艺术表达性辅导”开展心育活动。学校开展“表达性艺术治疗在高考考前团体辅导中的应用”课题研究，推进“表达性心理辅导与教师心理成长”教师校本培训课程，进行“觉察自我，改善沟通”萨提亚亲子沟通团辅，组织学生“原创校园心理情景剧”活动。

在校内外美育活动中挖掘心育功能。课堂是促进学生学习的主要渠道，活动是丰富学习生活的主要方式，美育可以通过课程和活动，润物细无声地渗透心育。龙华烈士陵园“以美立德用美育心”校外课堂、“戏剧进校园”、“学生集体绘画创作活动”等心育美育融合活动，借助绘画、戏剧、音乐、舞蹈等非语言的多元媒介，引导学生在创作的过程中，透过不同的方式表达自我，释放被语言文字所压抑的情感经验，接纳、整合自身经验，挖掘自我激励的力量，促进心灵成长。

（5）劳心融合，助力创新发展，提升学生责任力。头脑创意与动手实践相结合，在创新劳动中提升负责的能力。作为荣获全国首批中小学人工智能实验校，南洋中学在劳育中注重学生创新个性和技能的培育，构建渗透校园“大实验室”情境的科技教育校园，开发实践体验式 STEM 课程、人工智能课程、科技节活动等，助力学生在体验中提升创新能力。学校组织学生开展课题研究，在教师指导下，每一个学生在高中三年中至少完成一项课题研究。此外，学校还积极组织学生参与上海市科技创新大赛。

个人发展与社会理解相结合，发展对社会担当负责的能力。学校开设了将个人发展与社会理解相结合的生涯成长心育课程，开展“人工智能时代下对劳动的新思考”心理主题班会课程，通过邀请杰出校友来校开办主题讲座、纪念日活动课程培养有道德、勇担社会责任的追梦人。

自主体验与服务精神相结合，在践行中提升服务责任力。学校创设了校内外十大志愿服务实践基地，开展学军学农社会实践自主体验、假期职业体验日活动、寻找城市奋斗者等实践活动。

延伸阅读

1. 积极心理学

积极心理学采用科学的原则和方法研究幸福，倡导心理学的积极取向，研究人类的积极心理品质、关注人类的健康幸福与和谐发展。教师可运用积极心理学理念指导、提高全体学生的心理素质，培养他们积极乐观、健康向上的心理品质，充分开发他们的心理潜能，促进学生身心和谐可持续发展，为他们健康成长和幸福生活奠定基础。

2. 情感教育观

情感教育强调育人过程中，要创设有利于学生学习的和谐融洽的育人环境，妥善处理好育人过程中情感与认知的关系，充分发挥情感因素的积极作用，通过情感交流，增强学生积极的情感体验，培养和发展学生丰富的情感，激发他们的求知欲和探索精神，促使他们形成独立健全的个性和人格。情感教育是个性教育的重要条件和基本原则，而个性教育的深厚基础是人的全面发展，是以全面发展教育为基础的，“五育”之中都必不可少地存在着情感教育。

3. 人本主义观

在教育教学中，教师要发挥主导作用，学生是教育教学的主体，而教师对待学生的态度又处于决定性的地位。依照人本主义心理学家罗杰斯所言，教师要做到移情性理解，从学生的角度出发，敏于学生的心理世界，给予学生充分的理解；及时体察学生的各种情况，给予他们足够的关心；时刻怀以一颗真诚的心去迎接每一位学生。

主要启示

1. 育心与育德应两者融合，共同推进

育德，是对学生世界观、道德观的促成，是根据社会的要求和德育规律，自上而下、有目的、有计划、有组织地对学生施加系统的思想政治、道德影响，培养学生的思想意识和道德品质，科学的世界观、人生观、价值观和良好的思想道德品质，以及遵纪守法的意识及文明的行为习惯的教

育活动。育心，是对学生的个性发展和社会适应的关注，是教育者根据受教育者的生理和心理发展特点，运用有关心理健康教育的方法和手段，培养受教育者良好的心理素质和心理机能的教育活动。育心与育德应相互融合，共同推进。德育与心育应有机结合，在教育内容和形式上相互交叉、相互渗透，共同塑造学生的美好人格和道德品行。

2. 心育与全育应有机结合，协同发展

心育协助学生塑造个人品格，而全育促进学生成为德智体美劳全面发展的人。将心育渗透入各个学科中，能使学生心理发展的需要与德智体美劳等全面发展的要求结合起来，协同发展。心育取得成果需要全育协助，全育的最终成果也指向心育的目的。

3. 专员与全员应相互配合，同向发力

立德育心，专员带头，全员参与。心理专职教师具有专业性，在心育工作中要发挥其引领作用。而立德育心需要每位教师在学科教学、教育活动、家校社共育中肩负起培育学生核心素养和积极心理品质的使命。

医校结合　打通中学心育“最后一公里”

——浙江省衢州市第二中学“六位一体”工作机制助力心育特色发展

情况概述

浙江省衢州第二中学（下文简称衢州二中）系首批全国中小学心理健康教育特色学校，学校始终坚持“以人为本”的办学理念，着力打造和谐二中、幸福校园，学生的心理素质普遍得到提升，但每年仍然会出现小部分严重心理障碍甚至精神疾病的学生，人数不多但不容忽视。对此，心理专兼职教师无法治疗与干预，只能转介给医院。有些被转介至医院的学生讳疾忌医，或害怕被其他人知道而拒绝诊断治疗；有些被医院确诊为抑郁症、焦虑症、双相情感障碍或精神疾病的学生顾忌药物的副作用，擅自减少服药剂量或自行停药，导致病情反复甚至加重。以上情况既不利于学生病情康复和在校正常学习，又给学校安全管理带来诸多问题。对于这类超出学校心理辅导教师工作和能力范围的学生，医校结合模式的推行就显得尤为必要。

为给有严重心理障碍和精神疾病的学生提供更有针对性和人性化的服务，2016年1月，衢州二中成立了“胡伟明专家工作室”，并与衢州市第三人民医院签署合作协议，率先开启了中学心理健康教育的医校结合模式。

主要做法

胡伟明是衢州市第三人民医院院长、精神科主任医师，擅长心理咨询与心理治疗及各种心身疾病、神经症、精神疾病的诊治。“胡伟明专家工作室”的成立为衢州二中开展医校结合提供了强有力的技术支持。学校与医院联合搭建集“心理预防、心理筛查、心理咨询、心理治疗、心理评估、心理培训”六位一体的工作机制（详见下图），规范化、制度化地开展中学心理健康教育医校结合工作。

衢州二中“医校结合”下的心理健康教育工作机制

- **心理预防**：通过开设学校心理健康课程、学生心理素质拓展活动和医院精神卫生知识科普等促进学生心理健康。
- **心理筛查**：通过学校专业量表测评（MHT、PHQ-9等）、班主任观察反馈和心理教师访谈，层层筛查，重点关注学生。
- **心理咨询**：对于有一般性心理问题的学生，学校心理辅导中心的心理教师本着“尊重、倾听、保密”的原则进行心理疏导。
- **心理治疗**：将有严重心理障碍或精神疾病的学生转介给专科医院（胡伟明专家工作室）进一步诊断治疗，并与其父母沟通协作。
- **心理评估**：因心理障碍休学的学生在申请复学时，学校心理辅导中心与专科医院联合进行心理评估，并定期跟踪了解。
- **心理培训**：医院专家定期来学校为心理教师和班主任开展心理培训和案例督导，提升学校心理团队的专业技能。

1. 心理普测“筛查”问题学生，医校联动辅导

学校每年都会通过线上测评和线下摸排相结合的方式开展心理筛查，以全面了解学生心理健康的整体状况。线上测评采用中学生心理健康综合测量（MHT）量表，对所有在校学生进行心理健康普测，测评结果作为筛查心理问题的初步依据。当然，仅凭一个心理测量并不能准确地筛查出心理问题是否真实存在。心理专职教师将测评结果整理成表发给班主任，班主任再结合家访和对学生的日常观察与谈话进行摸排，确定重点对象，并将其基本情况填入心理预警登记表中，再上报学校心理健康辅导中心。

心理专职教师与这些重点对象逐一进行访谈和评估（PHQ–9），视问题轻重进行系统辅导或及时转介给胡伟明院长，请他对有严重心理障碍的学生作进一步的鉴别诊断或治疗。

2. 心理咨询“透视”心理问题，医校协同干预

通过心理咨询对学生心理问题准确“透视”，并有针对性地采取不同的心理干预策略。首先，心理问题程度较轻的学生，在心理咨询与辅导后，基本上能恢复正常的学习生活。在心理咨询后，采取三级跟踪关注干预制度，班主任与心理教师定期进行辅导沟通，及时关注学生的心理变化。其次，在心理咨询过程中发现确属于心理障碍的学生，心理健康教研团队进行组内分析研讨，并采取心理疏导与心理训练，使这些学生的认知结构和心理状态得到一定程度的改善。最后，情况特别严重的学生，则转介给胡伟明院长进一步鉴别诊断。若某学生确诊为严重心理障碍或精神疾病，则与该生的父母或监护人进行现场交流，建议其采取药物治疗与心理治疗相结合的治疗方案。

3. 家庭系统“衔接”问题学生，家校医共同协作

家长是学生的法定监护人，在学生出现严重心理障碍或精神疾病时，需要家长发挥监护支持作用。但是很多家长因缺乏心理健康和精神卫生知识，对心理咨询与治疗心存芥蒂。从 2016 年 3 月开始，衢州二中坚持家、校、医协同干预。胡伟明院长每学年都要为家长开设家庭教育讲座或家长沙龙活动，如在“家庭教育对孩子心理健康的影响”“如何发现孩子的心理问题及应对方法”等方面为家长指点迷津。对于已确诊为抑郁症等心理障碍的学生（含休学后返校），学校召集组建家长微信群，定期组织有针对性的家长沙龙活动，让患病学生的家长理解治疗的必要性，消除对药物治疗的误解，积极配合治疗，并负起对学生安全的监护责任，配合学校和医院做好心理危机干预工作。

4. 心理评估“休学”学生复学，医校联合把关

每年都有因为严重心理障碍或精神疾病休学的学生，到了次年复学的时间，有些因为积极配合治疗，恢复得不错，可以重新适应校园的学习和生活，但也有一些病情并不稳定，不适合复学。这时，就需要学校心理辅导中心与医院联合把关。当学生向学校教务处提出复学申请后，先到指定医院，由精神专科医生出具康复书面证明，提交学校心理辅导中心，再由专职心理教师进行会谈、评估（PHQ–9），提供是否适合复学的书面意见，报送学校教务处审核同意后，方可复学。学生复学后，学校心理辅导中心还要定期跟踪了解，发现问题及时干预辅导或请胡伟明院长到校复诊。胡伟明院长还不定期与学校心理辅导教师开展个案研讨或督导活动，助力心理辅导教师的专业成长。

5. 心育活动“优化”心理素质，医校合作预防

学校心理健康教育并不仅仅是要发现“学生的问题”或“问题学生”，更重要的是挖掘学生的优势和潜能，培养其积极人格。衢州二中坚持以积极心理学理论为依据，以丰富多彩的活动为载体，满足学生不同层次的心理需求。学校每年 5 月定期举办心理健康主题活动周，至今已有 16 年，主题有“你好，小确幸”“逐梦在路上”“我心向阳，筑梦青春”等。此外，还开展了心理小报评比、心理电影展播、高三趣味心理运动会，等等。学校还邀请当地各级心理专家或精神科医生以宣传图片、讲座或沙龙等形式向全校师生普及心理健康常识，传递积极的人生态度和正确的心理认知，潜移默化地化解或消除师生的心理问题，达到隐性干预的目的。

延伸阅读

“医校结合”模式的提出与应用背景

医校结合模式指的是有效整合医疗与学校的心理健康教育资源，根据科学的原理和方式对学生的心理健康进行综合多重干预，促进学生身心健康和全面发展。医校结合模式的理论依据是美国精神病学家和内科专家恩格尔（Engel），他于1977年首次提出生物—心理—社会医学模式。他认为：“生物医学模式只关注导致疾病的生物化学因素，而忽视了社会、心理的维度。为了达到有效的治疗和卫生保健，必须综合考虑到病人心理及其生活的社会环境因素。”生物—心理—社会医学模式的提出，对心理健康教育领域产生了积极的影响。许多国家对此开展积极的探索，目前医校结合模式在国内外许多高校中已取得了较大的发展和应用，但是在中小学阶段的实践和研究都尚缺乏，亟须探索和完善。

“医校结合”模式恰好有效整合了医疗系统和学校系统的心理健康服务资源，运用专业科学的医学心理学的方法对学校中存在严重心理障碍或精神疾病的学生进行干预和治疗，弥补了学校心理辅导教师无法从事心理治疗或者精神障碍诊断这一局限，进一步减少了学生心理危机事件的发生，促进了学校心理健康教育水平的不断提升。

主要启示

1. 坚持理论联系实际，丰富中学心理健康教育成果

衢州二中坚持理论与实践相结合，统筹医校心理健康教育资源，率先开展“医校结合”模式，极大地丰富了中学心理健康教育的研究成果，该模式的实践与探究也为其他中学提供了有力的参考和借鉴。

2. 加强理论知识学习，提升教师心理健康辅导技能

医校结合模式为中学心理健康教育教师队伍的发展提供了新的契机，医疗系统为学校系统提供更加专业的心理健康理论知识、技能培训、案例督导等，能够有效提升学校专兼职心理辅导教师的专业技能。

3. 创设安全支持环境，促进学生身心健康全面发展

医校结合模式下的中学心理健康教育工作为患有严重心理障碍或精神疾病的学生创设了一个更加安全、科学、有效的咨询和治疗途径，打通了中学心理健康教育的“最后一公里”，进一步促进了学生身心健康和全面发展。

协同联动促发展　立体分层筑防线

——广东省中山市"以学生为中心"构建"3+3+3"心理危机管理体系

情况概述

近年来，各地青少年的心理健康问题日趋增多，而且呈现更加复杂严重的趋势。尤其是新冠肺炎疫情出现之后，中小学生的心理危机事件层出不穷，心理危机管理工作面临着前所未有的挑战。

广东省中山市教育教学研究室（下文简称中山市教研室）将"以学生为中心"作为心理危机管理工作的重点，构建了"3+3+3"心理危机管理协同联动模型和相应的工作机制，并在全市中小学校推广。该模型以学生心理需要和心理发展为出发点，秉承"以人为本"的学生发展观，紧紧围绕立德树人根本任务，构建"价值""支持""牵挂"为支撑点的金三角模型（见右图），协同"家庭""学校""社会"的心理建设资源，完善阶梯式"预防""预警""干预"的三防危机干预模式。

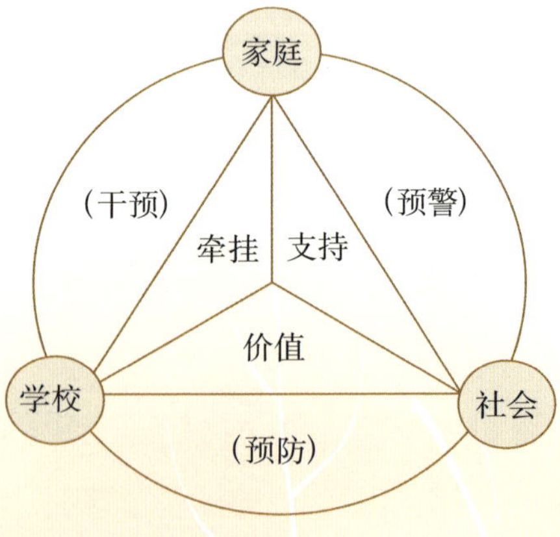

"以学生为中心"协同联动的"3+3+3"心理危机管理体系模型概图

主要做法

1. 以筑牢发展体系为根本，满足学生内在发展需要为出发点，在家庭、学校和社会活动域场中提升价值感，全面部署师生心理防护网络

新冠肺炎疫情发生后，按照“停课不停学”相关部署，中山市教研室推出一批针对学生现实需求的课程资源，开发“停课不停学心理”系列心理网络微课，在中山市教体局公众号“微课堂”和“中山心理”公众号同步推出。2020 年上半年，中山市教研室根据疫情中小学生心理健康健康状况调查学生反映的心理困扰问题，形成了自我调节、放松训练、自主管理、亲子沟通、时间管理、自我关爱、学习管理、生命教育、生涯规划等 17 个主题 50 节微课课程；下半年，中山市教研室针对疫情后发影响，针对学生情绪管理能力和抗挫力提升的现实需求，开发了以情绪管理进阶、逆境应对、问题解决等为核心的微课程，为学生有效调节良好的心理状态提供方法和指导，增强学生全面、主动地适应学习、生活和社会的能力，提升价值感。为进一步做好疫情防控期间心理危机干预和社会氛围引导，

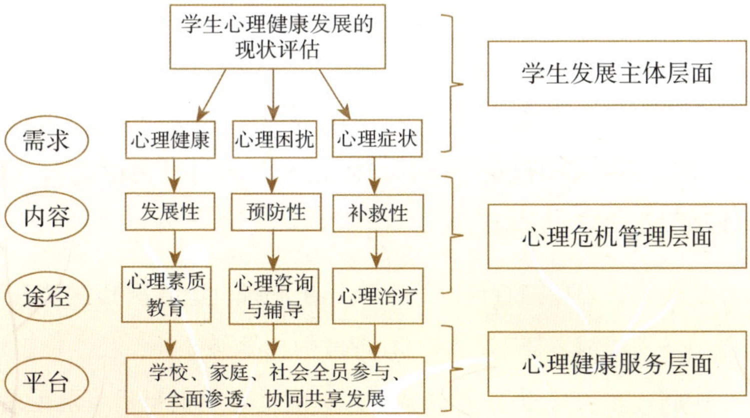

“以学生为中心”协同联动的“3+3+3”心理危机管理体系运行机制概图

中山市教研室开展“心理健康送课上门”活动，普及中小学生常见心理问题识别与干预知识，提升中小学教师的心理健康知识。此外，还开展“心理健康教育活动月”活动，提高广大师生的抗逆力和生命意义感，促进亲子关系和谐融洽，培养积极心理品质。

2. 以筑实预防体系为突破，满足学生渴求获得帮助为出发点，在家庭、学校和社会活动域场中建立支持系统，协同联动家校社育人力量

在准确把握师生心理需求的基础上，中山市教研室及时推出《中山市中小学疫情防控心理防护应对指引》，分学校篇、教师篇、学生篇、家长篇四个部分，帮助师生和家长消除疫情所致的恐慌心理，预防、减缓和控制因疫情造成的心理影响。为了更好地推进全员育人的心理健康教育机制和工作环境，全市心理教师和社工积极行动，开通心理援助热线 170 多条，以及微信和 QQ 咨询平台，协同医院心理医生、心理机构等形成了“市—镇—校”多层面全覆盖心理援助网络，及时为有需求的人提供心理疏导。春秋两季学期初，进行学生心理健康状况的全面普及制度，班主任普访指导和成立学生成长小组，以家访、日常观察上报等方式开展学生心理情况动态跟踪，不断完善学生心理危机预警体系，做好个别学生心理辅导和危机干预以及后续心理服务工作。

3. 以筑紧补救体系为底线，帮助学生获得及时的矫治为出发点，在家庭、学校和社会活动域场中建立关怀干预系统，完善心理危机联防协同联动模式

（1）学校结合心理筛查情况，落实学生心理健康状况档案动态管理机制。以班主任为跟踪责任人，调动心理教师、学科教师、驻校社工的力量深入学生中间，多方位动态监测学生，实施重点学生每日情况汇总制度，持续关注学生的心理动态，发现学生危机事件及时上报学校心理危机干预

领导小组并及时干预。

（2）落实家长联动工作，实行“家校医”配合。学校及时将发现的问题通报家长，要求家长参加干预工作。发现有严重心理问题或精神疾病的学生特别是抑郁症患者，建议家长及时转介至专业机构或专科医院接受相关治疗，并建议家长及时将学生的诊断结果及治疗情况与学校沟通，采取联合治疗的方式更有效地帮助学生。

（3）加强安全防控，学校和家长关注学生群、学生微信朋友圈、QQ空间等，及时掌握学生动态信息。加强学校及家庭楼顶、宿舍等重点场所巡防，强化人防、物防、技防，防范意外发生。建立学校与精神卫生医疗机构学生心理危机转介“绿色通道”，及时化解危机。

为了评估该体系的有效性，中山市利用“新冠肺炎疫情背景下中山市中小学生心理状况调查问卷”开展了疫情中小学生心理健康健康状况调查，近13万名中小学学生参与调查。通过前后测对比发现，心理危机管理体系的构建对学生心理健康具有明显的促进作用。

中山市中小学生心理健康水平自评统计表

	小学		初中		高中	
	前测	后测	前测	后测	前测	后测
非常好	37.85%	36.20%	25.47%	20.38%	21.62%	20.98%
比较好	26.13%	35.07%	25.70%	42.41%	22.37%	38.41%
一般	31.99%	27.77%	41.13%	21.02%	42.44%	35.57%
不太好	3.18%	0.75%	6.08%	5.64%	11.34%	2.28%
非常糟	0.85%	0.21%	1.63%	1.54%	2.22%	2.76%

延伸阅读

1. 心理危机与心理韧性

美国心理学家卡普兰（Caplan）认为心理危机就是个体在面临突发性或重大生活事件时超出有效应对能力范围而出现的心理失衡状态。心理危机事件往往会产生创伤应激障碍、适应障碍、焦虑抑郁情绪或一些冲突性行为，如离家出走、暴力攻击、自伤自残等行为。如果这些行为不能得到有效的处理与缓解，将对个体的身心健康造成严重的影响。

从积极心理学的角度而言，战胜心理危机的关键在于提升学生的“心理韧性”，即个体在遭受重大压力和危险时能够成功应对并获得良好适应的动态过程或能力品质。心理韧性动态模型认为儿童青少年具有安全、爱、归属、尊重、才能、价值等心理需要，这些需要的满足依赖于学校、家庭、社会和同伴群体的保护性因素或外部资源(如家庭氛围、同伴关系、学校经历、社区中的环境影响等)，如果外部资源为青少年的心理需要提供了满足，他们就会自然地发展出一些内部保护资源（如自我意识、自我效能、问题解决、认知能力等）帮助自己克服逆境并积极发展，进而免受危险因素的影响。

2. 心理危机与心理健康服务体系

在当前的社会背景下，学生的心理问题日益突出和复杂，简单、单一的教育无法解决这些问题，只有不断完善心理健康服务体系才能更有效、更系统地帮助学生健康安全地成长。2016 年国家 22 部门印发的《关于加强心理健康服务的指导意见》中相关内容表明，心理危机干预是心理健康服务的重要组成部分，三级预防实现心理健康服务的全覆盖，特别是针对处于心理危机的人群，要重视心理危机干预和心理援助工作，形成衔接递进的心理健康服务模式。学生心理健康服务主要包括促进学生心理健康水平的心理健康教育体系（发展性服务）、矫正学生心理健康问题的心理咨询服务体系（预防性服务）、预防突发事件治疗学生心理疾病的心理疾病治疗与危机干预体系（治疗性服务）。

3.“以学生为中心”的心理危机管理体系

提升中小学生的心理危机应对能力一方面有赖于学生个体、学校、家庭、社会等各方力量的协同联动，即充分发挥心理健康服务体系的作用；另一方面要做到“以学生为中心”，构建立体分层式心理危机管理模式，提升学生心理效能，进而增强危机干预的针对性和有效性。

主要启示

1. 加强制度保障和队伍建设，完善心理危机管理工作机制

学校应加强组织领导，高度重视心理健康教育工作，进一步加强学校危机干预工作小组的工作部署与指导，制定清晰可操作的心理危机筛查与干预工作流程，注重科学评估与监督，推动各部门联合管理，不同教育主体积极参与的工作格局。同时加强队伍建设，形成“学校领导—班主任—专职心理教师—科任教师”的全员心育队伍，加强对学生心理健康问题的识别与筛查，做好早期预防工作，健全危机应急处置机制，提升危机管理工作的实效性。

2. 深化联动机制，提升社会心理服务效能，加强灵活应对

有效整合学校、家庭、社会服务机构、医院、公益组织等心理健康社会服务资源，通过现场咨询、热线电话、网络媒体、互动平台等形式为学生、家长提供心理健康服务支持。加强心理危机预防的宣传教育，深入建立纵向联动机制，构建心理危机管理系统网络支持，在社会资源和人际支

持的保障下，加强学生应对危机事件的灵活性和针对性。

3. 发挥学生主体性，建立多层面多维度的生态立体网络体系

“以学生为中心”心理危机管理体系的三个层次之间相互作用，交互融合。“以学生为中心”是危机干预层面所有工作的出发点和落脚点，没有中间稳固的金三角做支撑，无论外在的社会支持系统有多充足，心理危机援助的专业性有多可靠，都无法保证学生积极心理和健康人格的顺利发展。

“以学生为中心”的心理危机干预体系以预防为主，重在创建有利于学生学习和健康成长的学校、家庭和社会环境，增强学生心理自我调适能力；建立“学校—家庭—（社区—医疗机构）—镇区—市”心理危机预警联动机制；制定危机应急方案，建立高危学生信息公安、教育和卫健部门互通及会商研判机制；加强心理干预力量的建设等常规性、基础性预防管理工作，同时也要进行危机处理机制和善后机制建设。心理危机管理体系的不同层面看似独立，实则相互渗透融合、相辅相成，如何加强同一层面不同部分之间的联系，并对不同层面的内容进行统整将是今后心理危机管理工作讨论的重点。

幸福的味道　梦想的基石

——天津市静海区“1234N”课程心育模式

情况概述

天津市静海区中小学心理健康教育工作本着“整体规划、精心实施、稳步推进、务求实效”的工作思路，根据涉农区域现状和特点，构建了“1234N”课程心育模式，并以提高全体学生的心理素质为目标。

2013年，静海县中小学心理健康教育指导中心（2015年撤县改区后，改名为静海区中小学心理健康教育指导中心，以下简称“中心”）成立。中心设置2名专职心理健康教师，负责全区145所中小学心理健康教育工作的推动和指导；2014年，在市、区两级财政的资助下，中心创建了7所市级心理健康示范中心，对全区的心理健康工作起到引领和辐射作用；同时，全区心理辅导室覆盖率100%，设立专兼职心理教师。各学校形成了校长领导，分管校长直接负责，以专兼职心理健康教育教师为核心，以班主任教师为骨干，全体教职员工共同参与的心理健康教育工作机制，为农村地区做好中小学心理健康教育工作奠定了坚实的基础。

多年来，静海区坚持以“每个人都是自己心理健康第一责任人”为教育理念，以“努力让农村孩子享受城市孩子的教育”

为梦想，通过不懈努力，取得诸多佳绩：3 所全国中小学心理健康教育特色学校，2 所京津冀心育互助结对学校，1 所市级中小学心理健康教育特色学校；39 名教师区级志愿服务队、11 名成员的区级心理骨干教师工作室；60 项市级以上集体、个人荣誉称号，50 余节市级优秀课；多次国家、省际及区域心理健康教育活动经验交流、3 次承办天津市“5·25 心理健康月”活动。

实践过程中，静海区的“1234N”课程心育模式也在不断完善。

主要做法

1. 抓阵地，加强课堂教学

坚持发展性、预防性原则，发挥心理健康教育课堂教学主阵地作用，全区各中小学校面向全体学生开齐、开足每两周一节的心理健康教育课，师资多以班主任为骨干，课时在地方课程或班会课中安排，教材内容为 2015 年静海区教育局编写的《中小学心理健康教育优秀活动课程设计》（小学卷、初中卷、高中卷），将其作为区级读本或各学校的校级读本并把心育课程开展情况纳入各乡镇、直属学校年度目标考核。同时，以教科研促提高，定期开展校级、区级教科研活动。2017 年以来，该区共有 13 项天津市学校心理健康专项科研课题获批立项。每年组织一次全区心理健康活动课观摩展示，提高心育课程水平。

2. 抓补充，加强心育辅导

根据不同学生的特点和需要开展心理健康教育和辅导。坚持以团体辅导和个体辅导为补充，提高学生自主自助和自我教育能力。制定并完善了区级心理辅导伦理规范、档案管理、值班值勤、学生转介、危机干预等 8

项工作制度。各学校心理专兼职教师负责心理辅导室定期对学生开放，每周不少于10小时，主要用于对有需要的学生进行个别或团体辅导。心理辅导室值班记录、辅导过程记录完整并及时归档，有相应的分析、对策与辅导效果评价。心理辅导在学生知情自愿的基础上进行，保证辅导质量，依法保护学生隐私，谨慎使用心理测试量表或其他测试手段。对个别有严重心理疾病的学生，能够及时识别、转介到相关心理诊治部门并记录在案。对于不愿面谈的学生，采用心理热线和心理信箱的方式进行辅导。

3. 抓联动，加强心育合力

建立学校、社会、家庭协同机制，协同区司法局和区妇联配备的心理咨询师，在区司法局公共法律服务窗口志愿为青少年开展专项心理健康疏导。与区卫健委、区精神卫生疾控中心签订校医共建协议，强化学生的心理危机转介机制。发挥家长在心理健康教育工作中的作用，组织家长线上收看家庭教育辅导课。各学校组织线上线下家长会，对家长做心理健康教育专题辅导。

4. 抓干预，加强心育预警

指导各学校建立朋辈、班级、年级、学校四级预警机制，朋辈预警由班干部负责，班主任积极引导学生骨干发挥好“信息采集器”作用，发现苗头情况迅速汇报，让需要心理帮助的学生及时得到帮助。班级预警由班主任负责，全体教师、职工共同发挥作用，积极关注学生遇到困难或表现异常情况，及时反馈班主任，将心理问题解决在萌芽状态。年级预警由年级组长负责，指导班主任加强与学生谈心谈话、走访交流，做到观察敏锐、信息通畅，及时发现学生心理问题，协同学校心理健康教育中心做好工作。学校预警由学校心理健康教育中心负责，制定科学的工作预案，建立心理危机学生诊疗—干预—转介的绿色通道，及时为心理危机学生提供专业的诊疗建议。

5. 抓延伸，加强心育特色

结合实际工作，始终把心育课程的内涵和外延逐步扩展到课程心育，以学科渗透、心理运动会、心理社团、综合实践、网络活动、劳动教育等为延伸，开展 N 项心理健康特色活动。静海区承办了 2017 年“汇聚心力量 · 共筑心津彩”，2020 年“战疫心时期 · 亲子心体验”中小学生热爱劳动、感恩父母微视频评选活动，以及 2021 年“家的 N 次方”家庭心理微电影大赛等天津市 5 · 25 心理健康教育月活动。该区涌现出团泊镇团泊小学（人际交往心育特色）、模范小学（社团心育特色）、实验中学（书法心育特色）、梁头镇中学（心育实践特色）、第八小学（校园心理剧）等心育特色学校。

延伸阅读

从心育课程走向课程心育

课程资源是指课程要素来源以及实施课程的必要而直接的条件。课程资源的结构包括校内课程资源和校外课程资源。校内课程资源，除了教科书以外，还有教师和学生，师生的人生经历、生活经验、学习方式、教学策略等都是非常宝贵和直接的课程资源，校内各种专用教室和校内各种活动也是重要的课程资源。校外课程资源，主要包括校外图书馆、科技馆、博物馆、网络资源、乡土资源、家庭资源等。静海区心育领导和教师意识到中小学心理健康教育工作不能仅仅停留在心理课程的层面，仅仅依托每两周一节的心理健康教育课堂教学远远不够，要挖掘心理健康教育课程资源，使心理课程走向课程心育，形成适合区域发展的课程心育模式，如此，才能最大限度地预防学生发展过程中可能出现的心理和行为问题，才能真正贯彻落实党的十九大报告提出的“培育自尊自信、理性平和、积极向上的社会心态”的战略要求，全面完成新时代中小学生社会主义核心价值观、学生核心素养的培育和学生良好心态的形成等战略任务。

主要启示

1. 智力支持，为全方面提供深度、专业指导

静海区各级领导高度重视，采取了外出学访、互动交流、基层辅导等多种形式，为心理专兼职教师搭建提升平台。聘请专家在硬件建设、理论水平、活动开展等方面进行深度指导和现场指导。

2. 团队支持，以实现资源共享、优势互补

静海区成立中小学心理健康骨干教师工作室，指导全区中小学心理健康教学、科研、培训、志愿服务等工作，实现资源共享、优势互补。

3. 课题支持，以引领理论水平不断提高

心理健康专兼职教师以心育课题领航，坚持专家导航、骨干示范，以此引领全区心理健康教育工作理论水平的提高。

4. 课程支持，以落实落细，探索心育智慧课堂

静海区各中小学校开设每两周一节的心理健康教育课并落实到位。探索将心理健康教育与信息技术深度融合，打造智慧心育课堂。

5. 活动支持，以实现区域共享，互助互进

在坚持心育常态工作的基础上，以每年 5 · 25 心理健康教育活动月为契机，深入开展校级自选活动和区级共享活动，以活动促提高，以活动促发展。

护航心灵　助力成长

——江苏省常州市未成年人成长指导中心“365”心理服务体系建设

情况概述

江苏省常州市未成年人成长指导中心成立于2005年，该中心将“一对一”心理咨询、心理品质培养、生涯规划、发展指导进行有机融合，本着“360度保障成长，365天心灵呵护”的价值追求，设计并实施“青果护航365工程”，在促进和帮助常州市未成年人健康成长方面发挥了积极的作用。“青果护航365工程”作为常州市未成年人成长指导中心着重打造的创新品牌项目，多次在省市级会议上进行经验交流，并被光明日报等各大媒体报道。该工程实现了学校、家庭、医院和政府部门整体联动，教育、培训、咨询、发现、干预和转介各环节“一体化”运转的制度机制。

主要做法

1. 建设三个重点项目

（1）建设未成年人成长指导服务平台。为进一步提升全市未成年人心理健康服务信息化水平和效能，实现“心理健康教育互联网 +”发展新格局，全市 400 多所中小学校全部接入“青果 · 常开心”常州市未成年人心理健康云平台，可通过门户网站和微信小程序实现在线咨询、心理普测、课程学习、云端放松等服务。2020 年，全面启动全市中小学生心理健康普测，四年级至高三学段累计 36 万学生参与，中心聘请专家团队进行测评数据分析和解读培训，为未成年人成长指导决策提供科学依据。同时，配合并指导各学校为不同类型的学生建立心理健康档案，开展重点学生定向干预工作，实行“一人一档、一人一策、一人一帮”政策。

（2）强化基础心理服务体系。该中心充分发挥龙头作用，着力构建覆盖纵横联动的服务体系，为全市未成年人撑起心灵保护伞。一是龙头带动：强化市级中心辐射带动，形成市、区、街道（乡镇）、社区（学校）“三级中心、四级网络”阵地。一方面，推动市级中心优质师资、课程、项目逐级“下沉”共享，另一方面，实施季度考评和年度通报制度，依靠制度的力量，强化全市“一盘棋”的工作格局。二是横向联动：推动建立全市首批 14 家未成年人成长指导协作会，整合公、检、法和专业医疗机构、社会组织力量，形成“宣传教育—咨询服务—诊断治疗”的“闭环”。2020 年 7 月，常州市在全省率先成立由常州市文明办、市教育局、市卫健委联合建立的未成年人心理健康服务联盟，实行“一个中心三家医院”的运作模式。联盟进一步加强资源优势对接，提高了教育系统心理服务的专业化水平，进一步完善了未成年人心理危机发现、干预和转介一体化工作机制。

（3）升级未成年人成长指导中心场所与硬件建设。2018 年，由市文明办牵头、教育部门负责、相关部门共同参与的市、区两级未成年人成长指导中心建立。2020 年，政府投入 400 万元实施市成长指导中心场地改扩建提升工程，将中心场地从 200 多平方米扩建至 1605 平方米。配置并建设了未成年人心理健康服务中心、学生心理学院和青果父母学院，可实现面询、团辅、督导、放松、测评、接待、研讨、大数据分析等多项功能，为实施高质量未成年人成长服务提供保障。

2. 完善六大基本服务

（1）心理咨询服务。该中心建立了以积极心理学为核心理念的心理发展促进体系，全年为有心理困惑或心理问题的学生及家长进行个体公益心理咨询服务。据统计，自 2005 年开展咨询以来，中心接待来电来访约 27000 人次，接待一对一面询 25000 多人次。心理问题涵盖发展性心理问题、适应性心理问题与障碍性心理问题三个方面，情绪问题、学习问题、行为问题、青春期问题、人际交往问题、亲子家教问题、心理障碍问题和危机干预八大类别。中心根据多年咨询案例经验，编辑出版了多部专著。

（2）常老师 96111 心理热线服务。2020 年 6 月，常州市向社会公布"0519—96111""86617789"常老师公益心理热线，每晚 6 点至 10 点面向全市中小学生及家长提供免费公益心理咨询服务。截至 2021 年 4 月，常老师心理热线共服务 3500 余人次。自热线电话公布以来，平均每小时电话呼叫 6.75 次，平均一次咨询时长为 26.7 分钟。从来电对象看，家长和教师来电占 83%，学生来电占 17%；从来电学段看，初中生的咨询来电最多，占比 61%，幼儿园及小学生、高中生咨询来电分别占 24%、15%。

（3）真爱护航——开展家庭教育培训。良好的家庭氛围是未成年人健康成长的土壤，而父母心理素养尤为重要。为此，常州市开展了一系列"真爱护航"家庭教育公益课程，每学期中心按照不同主题面向学校发布主题课程菜单，接受学校约课后，组织专家送课到校。从千人会场的大型家庭教育分享会到 30 个家庭为一组的小型系统培训班，从线上直播到论坛答疑，16 年来，中心共举办家庭教育讲座 3000 余场，受众人数达 70 万人次。

（4）学业与生涯辅导。寻找或确立人生发展方向是每个未成年人学业发展的归宿，亦是其人生的重大决策。为了帮助未成年人在学海找到航行的启明灯、行动的原动力，扎实推进生涯教育指导，常州市每年定期开展

“生涯教育”教师培训、家长讲坛、学生指导等十余场活动，受众3000余人次。先后出版《中学生生涯规划（高中版）》《中学生生涯规划（初中版）》学生用书、教师用书；《高中生生涯规划与发展》等已在全国发行。

（5）未成年人教育与心理宣讲。打造心理健康教育精品课程，面向学校、社区、企业，采取心理健康讲座、沙龙、团体辅导或心理训练课的方式，不定期组织开展未成年人教育与心理宣讲活动，如生命教育主题活动、中高考考前心理辅导主题活动、开学适应主题活动等。至今，开展宣讲及活动800余场，受众5万余人次。

（6）壮大志愿者团队。该中心每年对专兼职心理教师进行定期考核督导。中心以专兼职心理健康教师为主、志愿者服务队伍为辅，成立了从事公益类心理健康教育、心理咨询、心病预防、心理治疗的一站式专业队伍。其中教授级专家8人，高级教师和资深咨询师20余人，青年骨干级心理工作者30余人，心理志愿者上百人。依托龙城志愿服务平台，招募有专长的医生、大学生、企业职工等，累计已注册1万余人。师资队伍以“呵护青少年心理健康和发展”为目标，开展了“儿童心理素质成长营”“艺术心灵成长营”“考试，你好”等百场心理沙龙和团体心理辅导，帮助未成年人寻找价值定位，开发生命潜能。

3. 开展五项特色活动

（1）创建“空中少年宫”微信公众号。立足当下，创建中心微信公众号。2020年疫情期间，该中心成立“抗疫护心”中小学心理微课研发组，根据不同年段学生的问题和心理需要，设计制作并推出150节系列微课，包括“中小学生家庭教育”“亲子沟通”“幼小衔接”“二孩家庭”“特需儿童家庭”“助力复学”6大主题，陆续在创办的“空中少年宫”微信公众号发布，丰富了学生疫情期间的居家学习生活，提高了学生和家长的心理健康意识。“空中少年宫”微信公众号组织开展了中小学生防疫问卷，参与人数超过24万人次。累计关注人数近18万人。

（2）开展全市心理健康文化节。为进一步推动常州市未成年人心理健康教育，普及心理健康知识，助力学生身心健康成长，营造共同关注、支持和参与心理健康教育的良好氛围，自 2017 年起，每年由市文明办、教育局联合发文，该中心发起举办全市中小学生心理健康文化节主题系列活动，全员参与。活动如“心随影动”家庭教育电影赏析系列活动、心理大篷车进校园、人际效能提升训练营、亲子鼓圈等主题内容 100 余场，依托“营地活动”模式，依托真实情景，开展体验式浸润，创设教育契机，从艺术、沙龙的角度传播心理学理念，让更多人认可并接纳科学心理学。

（3）百名家庭教育培训导师（未成年人成长指导师）培训。打造百名“家庭教育指导师”团队，组建常州市家庭教育培训导师（未成年人成长指导师）研修班。逐步制定相关专业标准及认证制度，打造以常州为基地的全省家庭教育导师培训基地，切实提升家庭教育能力，促进未成年人健康成长。目前，首批 35 名家庭教育成长指导师已通过各项考核，在他们的引领下，形成近百人的家庭教育公益名师库，不断提升家庭教育师资队伍专业度。

（4）市级未成年人成长指导站。基于前三期中心级专兼职心理教师培育基地——心理成长工作室发挥的重要作用，2020 年，在常州市文明办、市教育局、市妇联的大力支持下，评选出了 16 个市级未成年人成长指导站，其中 6 个一类成长指导站、10 个二类成长指导站，共招募核心成员 215 名，成员涵盖专科医院、高校、中小学幼儿园等各领域专业人群。指导站以课程研究与服务为主要内容，以服务学生、指导家长、培育教师为目标，每个指导站年均开展培训和活动不少于 9 场。通过医教结合、结对指导等方式，形成以点带面、辐射全市的未成年人成长指导工作格局。

（5）父母学堂。依托赵世俊心理名师工作室推出面向未成年人家长的教练式家长培训项目“父母学堂”。课程面向幼儿园、小学和初中阶段学生家长，每年 2 期，每期 8 课。体验互动式课程从人生观、价值观教育入手，旨在更新家庭教育观，提升亲子情感沟通能力，改善亲子教育方法。

截至2021年5月，“父母学堂”共开设13期，先后有上千个家庭、3000余名学员参加了培训。系列活动得到了家长学员们的高度认可，产生了良好的社会效益。

延伸阅读

常州市未成年人成长指导中心是由常州市人民政府、市文明办支持下设立的常州市教育局直属事业单位，从事公益性未成年人成长指导服务工作。自成立以来，大量的公益性工作和实实在在的服务效益得到了大家的认可和尊重，已经成为常州市民心目中的一块公益品牌和教育服务社会的窗口。中心工作成效也多次刊登在光明日报、学习强国等各大媒体。抗疫护心志愿团队还荣获“常州好人”称号。

主要启示

1. 三全育人，多方联动

“365”心理服务体系建设是新时代新形势下，立足心理育人的目标，贯彻落实“全员育人，全程育人，全方位育人”三全育人的举措。该举措落实家庭、学校、医院、社会组织、公共服务机构多部门多主体联合联动，实现“全员育人”；落实幼儿园、小学、初中、高中、职校全方位关注，实现“全程育人”；落实生涯规划、家长课堂、营地活动等，实现“全方位育人”。

2. 五育并举，提升素质

心理服务不应停留于简单的提供心理咨询与辅导，而应聚焦未成年人的成长环境（家庭氛围、学校环境、社会环境）、教育理念（家庭教育理念、生命教育、劳动教育）和教育形式等，将心理育人提升为德、智、体、美、劳“五育并举”的工作格局，在心理教育中渗透艺术教育、劳动教育等教育形态，以提升学生全方位素质。通过外部环境的教育氛围的营造，采用多样化、因材施教的教育方式培养与塑造学生内在的人格品质。

3. 高位引领，规范运作

搭建和完善未成年人成长指导体系任重道远。对区域内未成年人的心理健康辅导需要既立足现实又指向长远，成长指导体系的构建、监督机制的执行、评价体系的完善都需要进一步细化和规范。依托未成年人成长指导体系在心理健康辅导上的常态化、规模化效应，发挥咨询团队的群体智慧，才能系统把握未成年人心理健康的共性问题、典型问题、阶段性问题等，促进未成年人心理的健康成长。

融合民族文化　整合育人机制

——广西壮族自治区钦州市外国语学校创建民族地区“四整合”心育模式

情况概述

近年来，不少中小学生由于学习压力过大、人际关系紧张、家庭期望过高等原因，出现很多负面情绪或心理问题，并导致其不能适应正常的学习和生活。国家也越来越重视学生的心理健康，并先后出台了很多加强学生心理健康教育的政策。然而，在实际实施的过程中，仍然有不少学校并未加强心理健康方面的建设，尤其在经济条件落后的地区，心理健康教育相对于经济发达地区落后不少。广西壮族自治区钦州市外国语学校是首批全国心理健康教育特色学校。以提高少数民族学生心理素质和心理健康水平为核心，该校开展了广西沿海民族地区“四整合”心理健康教育模式的探索与实践：开发了“健全学生人格、提升教师幸福、促进家庭和谐、增强民族自信”整合课程组群；构建了“课堂教学、团体辅导、个别咨询、宣传活动”整合教学模式；形成了“学校、家庭、心协、社会”整合育人机制；打造了“特色学校、学区学校、联盟学校、帮扶学校”心理健康教育整合发展生态。

主要做法

1. 开发整合型心理健康教育模块化课程，解决了学生、教师、家长全员育人问题

学校建构了民族地区“1+4”心理健康校本课程体系。其中“1”是指制定《心理健康校本课程纲要》，对课程的目标、内容、课时、评价有明确要求，确保课程实施的规范化；“4”是指开发少数民族“七彩心理”四大课程组群。

该课程组群包括“健全学生人格、提升教师幸福、促进家庭和谐、增强民族自信”四大系列的课程模块，共360多个课例200多个课件。学生模块以“健全学生人格，增强民族认同”为主题；教师模块以“提升教师幸福，培养民族自信”为主题；家长模块以“促进家庭和谐，增强民族精神”为主题；社会模块以“满足社会需要，增强民族团结”为主题。

2. 创立整合型心理健康教育教学模式，解决了心理健康教育预防、发展、干预全程育人问题

（1）“5+5沉浸式”心理健康课堂教学模式。“沉浸式”课堂是教师通过创设少数民族特色风情的情境，以民族特色活动为载体，教学按五个步骤推进：创设情境—沉浸体验—自主感悟—相互分享—共同成长；目标分四个层次达成，鼓励学生分享个人感悟激活思维（点），促进师生和生生对话，实现心理能量的碰撞（线），组织学生合作探究，达成心理共识（面），引导全班交流，达成价值认同(体)。编写了《钦州市外国语学校“沉浸式”心理健康课例集》，共108个课例。

（2）“3+X体验式”心理健康团体辅导模式。“3”指结合少数民族节庆，打造三大主题团辅：以自信自强为主题的“三月三·大冲关”，以悦纳自我为主题的“五月五·我爱我”，以团队建设为主题的“九月

九·爱久久”；“X”是指在团体辅导中用绣球、大鼓、服饰等具有民族特色的道具，融入壮族的对歌、京族的唱哈、瑶族的舞蹈等少数民族活动形式。

（3）“1+1 双师式”心理健康教育督导模式。课堂教学或团辅活动采用“心理教师＋少数民族教师”一课双师方式，互相督导，确保专业性。

（4）“X+X 开放式”心理健康讲堂模式。学校设立开放式的“心理讲坛”，邀请地方“非遗”传承人或民俗专家上心理课，讲“非遗”及民俗中蕴含的民族文化和民族情感。

（5）“X+1 项目式”心理健康拓展训练模式。“X”即成立若干心理拓展社团；“1”即一个指定的少数民族项目，每次拓展活动只注重一个少数民族特色项目的深度体验和探究。

（6）“1+X 整合式”个别心理咨询服务模式。“1+X”即在个别咨询中，除面谈技术外，整合沙盘游戏、欧卡牌、绘画、认知行为疗法等咨询辅导技术化解心理问题。

（7）“3+2 沙龙式”心理问题危机处理模式。当学生需要转介时，以“心理教师、班主任、精神科医生＋学生和家长”心理沙龙方式，帮助学生消除病耻感，积极治疗。

（8）“5+X 融合式”心理健康文化宣传模式。学校实施心理健康宣传“五个一”工程：一个微信公众号、一个宣传栏、一档心理广播、一份心理校报、一张心理书签，营造良好的心育文化氛围。

3. 形成整合型心理健康教育支持体系，解决学校、家庭、社会全面育人问题

通过举办“家庭教育大讲堂”“爱要有心才完整”系列亲子工作坊，为心育构建良好的家庭支持系统；通过整合心理卫生协会、精神病医院、民委、妇联、北部湾大学等社会资源，为心育构建强大的社会支持系统。

4. 构建整合型心理健康教育学校联盟，解决强校、普校、弱校协同育人问题

2015 年，被教育部授予首批“全国心理健康教育特色学校”后，学校建成三级成果推广体系，与区域内少数民族聚居区学校构建心理健康教育共同体。该成果推广体系带动了沿海少数民族地区 5 所心育联盟学校成为“广西心理健康教育特色学校”，辐射 56 所少数民族乡镇学校，惠及少数民族学生逾 5 万名，家长 3 万多名，中小学教师 2000 多名。

延伸阅读

转变固化观念，减少心理压力

（1）尽力而为。减少“一定要”“必须要”等非理性的强求结果的观念，因为结果不是以自己的意志为转移的，尽力了，结果顺其自然。

（2）接纳顺应。不是“必须”“一定”“应该”，学会改造与塑造需要，接纳与顺应也是应对压力的一种有效方式，即接纳自己的现状，接纳自己的情绪，接纳目前的一切。

（3）中庸和谐。找到两个事物的折中点和结合点，中庸思想是人生比较成熟的思维，避免非黑即白的两极化的思维模式，比如“学不好还不如不学”这种观念。

（4）积极面对。凡事积极去应对和面对，比如考试要来了，那就微笑着迎接，不要惧怕，暗示自己“没什么大不了，一切都是如此美好”。

（5）合理目标。不要对自己提出过高的不合理的要求，给自己的压力过大，最后可能事与愿违，最好是“跳一跳、够得着”这类容易实现的目标。

（6）立即行动。遇到问题或困难，不要想得太多，用行动打消“不行”的顾虑。在行动中，会发现问题并不难，用立即行动来减少问题解决的压

力，从而缓解焦虑情绪。

主要启示

1. 积极探索心理健康与民族精神整合的育人模式

从“大心育”的视角，根据少数民族文化特点，采用“心理健康 + 民族文化”模式，创建了课程、教学、资源、辐射“四整合”，每个方面都具有“四整合”内容和形式。在心理健康教育中培养学生的民族认同、民族自信、民族情感和民族精神。

2. 努力创建心理健康教育整合式教学模式

该校先后创建了“1+4 模块化”课程开发模式、“5+5 沉浸式”课堂教学模式、“3+X 体验式”团体辅导模式、“1+X 整合式”咨询模式、“3+2 沙龙式”转介模式、“心理教师 + 少数民族教师”一课双师教学督导模式、“心理教师 + 班主任”师资培养模式、“e+c 网络 + 教室”双轨式学习模式等一批操作性强、易于推广的心育模式。

3. 形成整合资源解决问题的独特方法

“心理教师 + 班主任”模式解决了心育师资不足问题；“学科带头人工作室 + 心理教师协会”解决了心育质量不高问题；“心育特色学校 + 心育联盟学校”解决了区域学校对心育重视不够的问题；“学校 + 专业机构”模式解决了社会支持不够问题。与区域内少数民族聚居区中小学校建立“三级联动”心育学校联盟，实现资源共享、教学同构、师资共育。通过医教协同，开辟了学校心理健康教育主动融入社会心理服务体系的“绿色通道”。

爱在城西　护航成长

——浙江省杭州市城西中学“1+X”介入式心理危机干预体系建设

情况概述

浙江省杭州市城西中学创办于1980年8月，是经杭州市委、市政府批准的从事特殊教育的专门学校。学校设有初中部和职高部，初中部招收杭州地区普通初中学校中有不良行为或严重不良行为以及心理偏常不适宜在普校就读的学生；职高部设有汽车运用与维修、旅游服务与管理专业，生源主要来自本校初中部。

从调查数据发现，学校大部分学生学业水平偏低，部分伴有网瘾和校园欺凌行为；在心理层面，主要表现在自我认知问题、情绪问题、人际关系问题等，尤其是亲子关系问题较为突出，易出现心理危机。为存在心理危机的学生提供及时性和专业化的早期识别与干预，有效防范心理危机事件发生并弱化其影响，是学校近年心理健康教育工作的重点之一。

基于学生群体特征，城西中学自2011年开始探索构建“五维融合”的学生心理危机干预体系。其中，高危介入干预体系借鉴医学中的“介入治疗”方法，评估确定高风险心理危机学生，集中精力进行系统干预，即对问题持续时间较长，并伴有过激行为或情绪波动较大，易发生重大危机事件，需要从校级层面协调干预的学生进行“1+X”介入干预。此干预模式中的“1”是指负责危机干预的主要责任人，“X”是指相关助力者。

主要做法

1. 早期识别，防患未然

在“1+X”早期识别环节，心理教师作为“1”是主要责任人；正、副班主任、任课教师和家长为“X”。

（1）心理健康体检。心理教师作为本环节主要责任人“1”，需要在新生入学时，完成人口统计学资料采集以及中学生心理健康综合测量评估（MHT）、焦虑自评量表（SAS）和抑郁自评量表（SDS）测试，采集学生心理健康体检信息。在新生入学近一个月后，再次对学生进行心理健康体检，包括艾森克人格量表（EPQ）和症状自评量表（SCL-90），掌握人格特质及近期心理状况；以及通过青少年生活事件量表（ASLEC）采集学生其他相关心理健康信息。

（2）基本信息采集。基本信息采集由“X”协同完成，具体包括：班主任负责整理班级学生开学近一个月来的异常事件、突发事件处理记录，并通过观察、访谈来感知学生的异常信息；副班主任和任课教师需提供行为异常学生信息；家长需提供孩子在家期间的异常表现、家庭关系、父母期望、教养方式、已经采取的教育方式和结果等信息。

（3）班级初步筛查。心理教师在取得班级学生基本信息和健康体检信息后，会同正、副班主任和任课教师组成评估小组，及时对班级学生进行逐个分析讨论，并初步筛查出需提交联合诊断团队进一步评估的疑似心理危机学生。

开展班级“1+X”早期识别的时间，以新生入学后一个月为宜，重点关注班级表现持续异常、测试指标过高和家庭有重大生活事件的学生群体。

2. 联合诊断，精准评估

在“1+X”联合诊断环节，心理教师作为“1”是主要责任人；学生处、班主任、任课教师和心育导师，以及外聘心理学专家为“X”。

（1）完善系统信息。基于班级“1+X”早期识别的疑似心理危机学生，心理教师作为主要责任人“1”，需通过“X”进一步采集和完善个体系统信息。具体包括：学生处提供学生重大问题行为的表现、发展状况和处理结果；班主任提供学生的出勤率、学校纪律要求的表现、师生关系、同伴关系、有无异常行为和突发事件等相关信息，并通过家访采集家庭结构和教养方式、亲子关系、遗传史，以及有无发生过重大生活事件等信息；任课教师提供学生学业情况、课堂异常表现情况；心理教师提供课堂观察和“七色心晴”日记反馈，采集个体特质和情绪情感变化，以及不良的生理、心理反应和相关前期辅导结果等专业信息。

（2）“1+X”诊断流程。首先，依据“一案一档”原则，心理教师作为主要责任人“1”，整理好班级疑似心理危机学生的基本信息、系统信息和心理体检结果等材料，统一递交学校心理中心汇总，为后期开展“联合诊断”提供参考依据。其次，由学校心理中心负责人落实参与联合诊断的“X”人员，即学生所在班级的班主任、心理教师、任课教师、校医以及学生处负责人和学校心育导师组成“联合诊断”团队。同时，根据班级早期识别危机程度的需要，确定是否聘请心理学专家或医学心理专家同时参与研讨和会诊。最后，由校级分管领导组织“联合诊断”团队，择日召开疑似心理危机学生诊断评估研讨会，逐个分析学生情况进行二次评估，确定危机预警等级，并筛查出需高危预警的学生。

（3）预警等级设定。城西中学将危机预警等级设定分为三级：一级预警学生是指偶发情绪、行为问题，产生的危害及影响较小，需从班级层面进行干预的学生；二级预警学生是指时发情绪、行为问题，有一定危害及影响，需学生处进行干预的学生；三级预警学生（即高危预警学生）是指问题持续时间较长并伴有过激行为，或情绪波动较大，易出现重大危机事件，需学校统筹进行干预或转介的学生。

3. 介入干预，科学施策

在“1+X”介入干预环节，心育导师作为“1”是主要责任人，由具有心理学专业本科及以上学历或持有浙江省学校心理健康教育 B 证及以上的教师担任；“X”是指协助干预学生的亲密关系人。

（1）干预方案制定。城西中学心育导师团队依据“联合诊断”的建议，对评估为三级高危预警的学生，再次进行个案分析，梳理、分析原因，制定相应干预策略，并执行“一案一策”辅导，“专人专班”管理，进入“1+X”介入干预程序。

（2）介入成员构成。在心育导师团队对三级高危预警学生再次分析的基础上，依据个体的心理特质和问题行为类型，配备擅长方向与个体问题相匹配的心育导师作为主要介入干预的责任人“1”。然后，从结对德育导师、班主任、心理教师、任课教师和亲属等相关人群中，选择与个体相对亲密的关系人，即协同介入干预人员“X”，以构成高危预警学生的“1+X”介入干预小组。

介入小组成员依据心育导师团队制定的“一案一策”干预方案，分别进入干预角色。在介入干预过程中，介入小组应遵循个性化辅导原则、“定期会诊”和“应急诊断”相结合原则，适时调整相应干预方案。

（3）介入干预内容。① 心理干预：主要从认知调整、自信心训练、应对方式的指导和情绪调适等几方面对个体进行辅导。② 行为矫正：通过班级“7S”管理矫正个体的不良行为习惯。③ 学业指导：主要为个体提供个性化学业辅导和生涯规划指导。④ 家庭干预：主要为家长提供亲子关系指导及家庭心育指导。⑤ 社会支持：针对有严重心理障碍的学生，建议家长寻求专业机构的帮助，介入小组成员继续提供支持性和辅助性辅导，并尽可能地掌握整个治疗周期的相关信息，形成医教“闭环”融合。

（4）特色介入赋能。①“七色心晴”日记是学生的成长伴侣，学生每周在上面记录心情，心理教师当日回复，如发现有心理问题或情绪困扰的学生，心理教师及时、主动进行面对面个别辅导。实践证明，“七色心晴”日记可以有效预警危机事件。②“零时空”在线辅导。心育导师成为自己所负责学生的QQ、微信好友，开设在线咨询。网络不仅使心育导师能关注到学生的更多信息（例如一些因隐藏自己的情感和困惑而容易被老师忽视的“好”学生、“乖”学生），同时，还能让结对学生在假期里得到及时的帮助，以实现“零时空”辅导。③“客厅式”亲子辅导。心理中心专门开设以“家和万事兴”为主题的“客厅式”亲子辅导室，为来访者提供一个温馨的“家庭”聊天场所，促进亲子关系的提升。④心理中心打造“心灵绿洲”花园，心育导师与结对学生和家长在大自然中沟通，达到建立良好辅导关系、放松来访者身心的效果。

4. 复诊评估，动态舆情

在“1+X”复诊评估环节，心育导师作为“1”，是主要责任人；学生处、班主任、任课教师、心理教师和其他相关亲密关系人，以及外聘心理学专家为“X”。

一学期结束后，根据前期介入干预个案情况，由负责人心育导师“1”组织介入干预小组成员“X”进行中期诊断，完善干预信息，适时调整干预策略。

一学年结束后，由负责人心育导师“1”完成介入干预个案相关资料的收集与整理。由校级分管领导再次组织“联合诊断”团队，择日召开高危预警学生复诊，逐个评估介入干预个案成效，再次确定危机预警等级。对预警等级降低的学生，按确定等级进一步跟进辅导；对仍需高危预警的学生，由“1+X”介入干预小组重新会诊，并持续进行干预。

延伸阅读

高危预警学生的心理问题类型

高危预警学生的心理问题类型主要可分为“抑郁”“焦虑”“敌对”“精神病症”四类。抑郁类型：情绪低落，思维迟缓，学习交往被动，并伴有一定躯体症状等表现；焦虑类型：烦躁不安，精神紧张，无谓担心并无法释然等；敌对类型：因愤怒而产生攻击性行为，易激惹，好冲动，情绪控制差，易与人起冲突等；精神病症类型：需通过日常行为观察法及病理性量表结果进行分析。

主要启示

1. 介入干预要迅速、准确，且具有一定个性化服务内涵

“1+X”介入干预模式具有一定的个性化服务内涵，实行动态化进阶管理，对学生个体危机干预能做到觉察迅速、定位准确，创伤小、见效快。

2. 介入干预要精准化、立体化，尽量减少危机事件发生

通过“1+X”精准化、立体化的介入干预，可以减少预警学生危机事件的发生，在促进学生个体身心健康发展的同时，提升教师的专业素养，进一步完善学校心理健康管理体系。

3. 心理危机定级要综合考虑，注意情绪类型差异

在心理危机定级过程中，需要综合考虑学生的班级表现和心理测试结果，外向型情绪不稳定学生可能容易出现校园欺凌行为，而内向型情绪不

稳定学生可能会伤害自己，这两类学生在定级过程中需要特别关注。

4. 经二次筛查识别为疑似存在心理疾病的，应及时转介

个别学生的心理普查总得分较高或某个分因子得分较高，且在班级管理中也时常有异常行为发生，经二次筛查识别为疑似存在心理疾病的，建议家长及时转介到专业医疗机构做进一步的检查与评估，以便后期有针对性地辅助干预或及时采取专业心理治疗。

5. 通过科学识别心理危机程度，确定参与研讨和督导专家

在二次筛查时，可根据班级早期识别时发现的学生心理危机程度，确定是否聘请心理学专家或医学心理专家同时参与研讨和督导。

6. 面对师资力量不足时，可灵活匹配

学校心理教师配备不足时，在“1+X”早期识别环节，可由班主任作为主要负责人“1”，心理教师作为“X”提供相关学生心理体检信息。

全员心育 心育全体

——天津市滨海新区大港第二小学同心打造“心育 +”模式

情况概述

天津市滨海新区大港第二小学（下文简称大港二小）始建于 1987 年，学校始终把爱心教育作为学校德育特色品牌来打造，开创了爱心教育主导牵动、各项教育教学工作整体联动的生动局面。2010 年后，学校将爱心教育升级为关爱教育，这其中更多融入了心理健康教育元素，打造更新的德育品牌。

当前，加强心理健康教育虽然已成为社会、学校、家庭的共识，但小学依然面临着许多困境，如缺乏专业的心理教师，兼职教师工作量过大等。对此大港二小全体教职员工敢于直面困难，经过七年多的摸索，走出了一条“全员心育、心育全体、同心打造‘心育 +’模式”的特色之路。

大港二小兼职心理教师由最初的刘钢老师 1 人发展到心育中心 8 人负责，时至今日该校兼职心理教师人数已达 100 人。硬件设施方面，由一间 10 平方米的心语室发展到占地 150 平方米的心理指导中心，另有 120 平方米的心育共享空间。七年来，家长课堂开讲 20 次，受益家长总数达 7000 余人，“家长进课堂体验教师角色”超过 100 课时。进社区宣传心理知识 10 次。学生参与心育活动总数达 34000 人。

主要做法

1. 概说特色活动“心育 +”，积极创设“心”环境

依照《中小学心理健康教育指导纲要（2012 年修订）》，大港二小确定了不同学段的心育目标：低段适应新环境、新集体；中段了解自我、认识自我；高段悦纳自己，关注人际交往；全学段珍爱生命、敬畏自然。围绕该目标，学校积极构建“心育 +”模式。

心育 + 艺术：心理绘画、心理音乐剧、千人口风琴，学生感受视听饕餮，陶冶美好情操；心育 + 体育：日常身心拓展、童心会，学生在竞比中感受团队、体察沟通；心育 + 德育：讲述家风故事、体验箱庭，更懂共情他人；心育 + 学科：绘本共读与交流，感文学魅力，享亲子和谐；心育 + 家庭教育：心理微电影、家长进课堂、为家长开讲，从心理学的角度指导家长行为，寻求方法改变；心育 + 云端指导：推送自制微课或音频，开展线上心理班会、线上家校交流会等，家校深入携手，用心呵护。

积极心理学强调人的内在积极力量与外部环境的交互作用。之于学校心育，即尊重学生的认知规律，满足学生的心理需求，关注学生的情感体验，用合作、交流、分享等方式让学生收获更多的积极体验。

2. 特色活动分享，用心育促和谐

（1）齐心协力落实心理班会课。心育课程是开展心理健康教育的重要途径和方法。起初，借助张嫦主任和孙晶老师主编的心育书籍，大港二小以年级为单位，每位班主任选定一个主题备课并在年级中循环授课。一人备一课减轻了教师的负担，而每位教师都要接受全年级学生的“检阅”，无形中提高了教学能力。

经过坚持实践，学校心理中心组骨干教师于 2019 年底编写完成校本教材之心理班会课《用“心”呵护与关爱》，旨在进一步推进心育工作。

2020年春季，因新冠肺炎疫情影响，学校更加重视做好学生的心理健康指导工作。线上心理班会课内容涵盖“滨海心领航”公众号的优质微课（该校心理教师刘钢有三节微课在其中），学校心理中心自制音频，重新整合制作视频素材，使学生在班主任的引领下有感可悟、有情可抒、有话可说。

（2）让“5·25”心育节成为学生的节日。“用心关爱　携手同行”心育节已成功举办六届，学生全程参与“绘”心声、“识”心声、“诵”心声、“唱”心声、“奏”心声、“摄”心声、童心会以及心理工作坊等。

以2019年该校第四届心育节展示为例：心育+音乐，千人奏心声，做新时代阳光的追梦人；心育+舞蹈，和着时代的节拍，领略动心入境的感觉；心育+声乐，心情愉快，精神放松，增进彼此感情；心育+美术，健康陪伴，绘制心声；心育+体育，步伐铿锵，心潮澎湃；心育+家庭，用心交流，共架心桥，父母读懂孩子，孩子涵养感恩；心育+诵读，改变性格，缓解压力，吟咏万里长城，怀抱家国情深；心理工作坊“我是自己的‘警卫员’”，提升自我保护能力，培养安全意识；心理班会课“大火球不见了”，体验情绪多样，促进健康发展；家长进课堂“插花‘魅’体验”，体验插花艺术，激发对生活的热爱之情。

每一届心育节，既有传统优势保留，又有创新项目展现，全方位展示了“心育+”的魅力。与会观摩人员也由最初的几十人到600余人，共同见证了该校心育工作的发展。

3. 潜心钻研心育，践行共享共通

七年来，作为滨海新区心理健康教育小学科研基地校和全国心理健康教育特色学校，大港二小为兄弟学校开展培训11次，接待全国多地观摩学习近40次；滨海电视台采访、报道该校心育工作8次，天津教育报等主流媒体报道该校心育工作3次；全校教师撰写心育论文、案例获奖200余篇。与此同时，该校还定期请专家对教师、学生及家长进行专业指导，

如孙晶老师、张嫦教授、杨春教授、伯镛教授等。

2020 年春，新冠肺炎疫情突如其来，大港二小心育工作的开展丝毫没有受到影响，诸如“一次隔空的遇见”“你医暖武汉，我护子无忧”“同心植记忆，携手待曙光”等线上活动让该校心育工作在云端落实。

延伸阅读

践行心育　全员共育

心育是教育者从教育对象的心理需要出发，运用心理科学的理论与方法，对其心理各层面施加积极的影响，以优化其心理素质，维护其心理健康，促进其社会适应的教育实践。

心育的目标是培育良好的性格品质、开发智力潜能、增强心理适应能力、激发内在动力、维护心理健康、养成良好行为习惯。即育性、启智、强能、激力、健心、导行。

滨海新区大港第二小学始终秉承并践行心育理念，在实际操作中，全方位优化学校的心育工作，调动全体教职员工，家校合力，以课程为依托，以丰富的活动为抓手，辅以适度的培训、个体辅导及问卷调查，帮助学生全面、主动、健康成长。

目前，大港二小做到 100%的教师参与心育，100%的学生体验并享受心育成果，100%的班级开展心育活动，100%的家长一并参与其中。

主要启示

1. 认识转变，为心育工作插上翅膀

学校清晰地认识到心理健康教育不仅仅是专职或兼职教师的事，应面

向全员，让全体成员都受益。并且，心育和德育并不矛盾，育心与育德齐飞，能实现双赢。观念的转变使该校的心育工作走上了快车道。

2. 培训跟进，让心育队伍充满力量

心理学是专业性较强的学科，而在小学很少有专职专业的心理教师，因而，专业培训就显得尤为重要。多层次、多主题培训，使全体教师凝心聚力、受益良多、共同发展。

3. 活动融合，让全员共育效果凸显

为实现全员心育，学校坚持时间融合、人员融合、内容融合，追求教育成本最低化、教育效果最大化。要注重发挥年级整体作用，落实心理班会和拓展体验；统筹育人时间，实现全体学生箱庭体验；协同多方教育力量，丰富心理健康教育活动。

4. 精细管理，为心育工作保驾护航

心育工作的落实离不开科学精细的管理，七年来，该校不断探索，形成了具有鲜明特色的管理制度。注重“四会”常态化，即校领导和心理教师的计划会；心理中心组各项活动的布置会；相关班主任会；艺术教师的促进会等。与此同时，该校坚持检查制度化，宣传及时化。

培育积极心理　奠基幸福人生

——浙江省舟山市东港中学“心育与德育相融合”育人模式

情况概述

浙江省舟山市东港中学位于浙江舟山市沈家门渔港，与佛教圣地普陀山隔海相望。2010年，为了服务“小岛迁，大岛建”发展战略，学校成为周边小岛学生就读初中的定点学校。学校生源多来自社会特殊群体家庭，学生父母以捕鱼、打工为生，文化水平普遍不高，家庭教育基础薄弱；离异、重组、留守、单亲等家庭的学生相对较多，占全体学生的30%左右，学校德育压力较大；由于优质生源流失较多，教师在教育教学中一度出现悲观、消极情绪。

随着社会竞争压力越来越大，很多学生的父母重智轻德，学生来自家庭的压力和考试压力逐年增大，部分学生产生厌学情绪或出现心理失衡现象。面对困境，东港中学以心理健康教育为突破口，在积极心理学理论的引领下，实施以培养学生积极心理品质为主要内涵的“优美教育”育人策略。该策略的核心是“培其所有，各有其优，以优培优；育其所美，各美其美，以美育美”，重视学生全面素质的提高和个性特长的发展。

主要做法

1. 第一大战略：文化强校战略，以文化引领心育方向

（1）理念“铭”心，打造和谐幸福校园。东港中学投入近 50 万元，建设高标准“幸福驿站”，面积约 500 平方米，设有校园心理指导中心、家庭教育指导中心、潜能开发园、心灵沟通吧、幸福讲习所、心理放松室、保健宣教室等功能区，并开设了心理咨询热线，具备开展心理健康教育的各项功能。

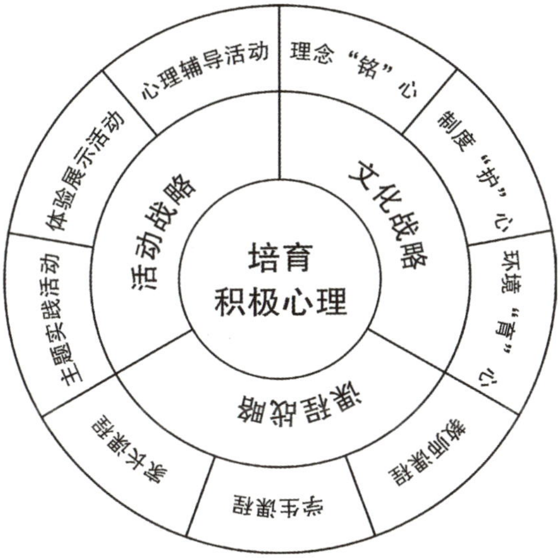

东港中学培育积极心理示意图

（2）制度“护”心，筑起牢固防护屏障。学校建立了较为完善的心理健康教育组织和制度。有领导小组，校长任组长，各科室负责人为组员，全面领导和组织学校心育工作。有心理健康工作小组，以专职心理教师为核心，以班主任和兼职心理健康教师为骨干，分工负责，各司其职。制定了一系列相关制度，如学校心理健康教育三级防护制度、危机学生干预与转介制度、心理健康教育研讨制度、心理委员培训制度等，保障心理健康

教育工作有序、有效、良性发展。

（3）环境“育”心，指引积极舆论导向。学校围绕积极心理健康教育和育人目标，整体设计，分步实施，营造特色校园文化环境，使之对学生产生潜移默化的影响。如“永不言弃”学校精神石，“孝”字文化门，爱心、孝心、责任心“三心”广场；室外的展板文化，如名人堂、24 种积极心理品质校园 DIY 文化长廊，让正面的、积极的思想浸润师生心灵。

2. 第二大战略：课程强校战略，三个维度构建心育体系

培养什么样的学生，就需要什么样的课程，东港中学从教师、学生和家长三个维度构建积极心理健康教育课程，努力使学校心育工作培训主体多元化、课程内容校情化、心理课堂常态化。

（1）教师课程：构建教师心理成长课程，夯实心育根基。以“专业”为核心，加强专业心理教师队伍建设；以“班级”为主阵地，加强班主任队伍建设；以“全员”为导向，强化全体教师队伍的专业培训。

（2）学生课程：构建优美教育课程，实施心育教学。明确课程目标内容，编制校本教材。学生课程以积极心理学为理论指导，参考浙江省心理健康教育指导中心《做乐观的中学生》、普陀区《为学生的幸福生活奠基》系列丛书，开发适合本校学生的 24 种积极心理品质 DIY 心理课程，内容涉及积极认知、积极情绪、积极关系和积极意志等内容。

以课堂为阵地，注入积极元素。课堂是学校开展积极心理健康教育的主渠道，是实现教育内容与教育形式科学化与规范化的基本体现。包括团队辅导课：学校认真落实每月大团队辅导课两次，专兼职教师各授课一次；同质辅导课：目前已开设“心灵助考”“有效沟通”“悦纳自我”等同质小团体活动菜单，帮助学生以积极心态面对人生、迎接挑战；心育微课堂：采用“故事 + 点评”模式，由班主任组织学生在周五 10 分钟的“幸福小课堂”进行；学科渗透课：鼓励教师根据学科特点，进行积极心理教育学科渗透，如通过文科培养学生爱国、仁爱等积极品质，通过理科培养

学生的严谨、开放性思维等。

（3）家长课程：家校形成合力，更新育人观念。开设专题讲座。家庭教育指导中心通过菜单式选择，每月举行一次家长学校培训，提高家长的积极心理健康教育水平，如七年级家长的“如何帮助孩子尽快适应初中学习”、八年级家长的“从难以沟通到轻松沟通”等培训。

辅导同质家长。为了提高心理健康教育的针对性与实效性，学校在对学生心理进行测试与调研的基础上，将同一类别的学生家长组成同质性团体，由学校心理辅导教师制定辅导方案，有针对性地开展系列辅导活动。如单亲家庭的家长团体、厌学学生的家长团体等。

开放家长咨询。通过线上线下为家长提供心理健康教育指导，解决家长在家庭教育过程中的困惑，切实实现家校合力，共同担起育人责任。

3. 第三战略：活动强校战略，以活动提升积极品质

幸福驿站和德育处以培养学生“三心四力”积极心理品质为核心内容，筹备多元化、多角度、多形式的活动，让学生在活动中体验、感悟，健康、阳光地面对生活，做“更好的自己”。

（1）多元心理辅导，提升学生心理素质。

心理普测活动。每年9月对七年级新生进行心理普测，4月进行心理健康高危人群筛查，利用心理调查、心理量表等工具，结合班主任和心理委员的动态观察，建立学生心理档案；联合德育处、班主任，发现和甄别需要疏导的学生，情况严重者及时做好转介工作。

个别辅导活动。生命加油站、心灵沟通吧、沙盘游戏室、心理放松室、潜能开发园，每天中午面向全体师生开放，采取学生自愿、班主任推荐、辅导教师约访三种方式对学生进行个体辅导。

影视赏析活动。学校定期向学生推荐优秀心理影片，如《美丽心灵》《摔跤吧，爸爸》等，使学生从影视作品中受到精神上的洗礼，拥有积极阳光的心态，健全自己的人格。

心理拓展活动。学校组织户外拓展训练，在活动中，学生释放了压力，宣泄了情绪，积蓄了能量，提升了认知。例如，针对学生进入青春期与父母沟通不畅的问题，开设活动课“话可以这样说”。

心理社团互助。目前，心理社团有40多名会员。心理社团每学期开展心理沙龙、“心灵之约”团体活动，每年组织“中考心理活动月”系列活动。

（2）多样体验展示活动，培养学生积极心态。学校将心理素质训练与德育活动有机结合，引导学生在活动中增强自信，挖掘心理潜能，培育积极心态。学生通过参加才艺展示类活动如才艺达人秀、校园心理剧、港中好声音等收获自信；学生通过参加创意设计类活动如不同主题创意科技活动及创意运动会开幕式等挖掘心理潜能；学生通过参加特长展示类活动、师生个人绘画展等培育积极心态。

（3）多种主题实践活动，内化学生积极品质。学校探索一系列富有学校特色的主题实践活动，引导学生积极参与社会生活，关心帮助弱势群体，增强责任感，弘扬正能量。如社会实践类活动：读书走天下、“美丽行动”公益活动等传递幸福；“三心”特色活动，孝爱文化我传承，生日当天献爱心，开心农场我管理等活动优化品质。

延伸阅读

“幸福驿站”让师生更幸福

东港中学本着“教育使人更幸福”的理念，积极探索“教师乐业、学生快乐、家长满意、社会公认”的幸福校园建设，在教师层面营造尊重、理解、宽容的心理氛围，发挥学校“幸福驿站”的作用，让教师找到高效工作、学习的“润滑剂”和“减压阀”。在学生层面除了构建关注生命的幸福课堂，还开设学生喜闻乐见的校本课程和活动，让学生在参与中施展特长与才华，实现自我价值，增进主观幸福感。学校设立家长委员会，搭建平台，构筑桥梁，促进学生与家长、教师与家长相互理解，和谐共处。

主要启示

1. 借鉴积极心理学理念，大力倡导积极德育

德育要与时俱进，学习先进理论，从积极的视角看待学生及学生的问题，用积极心理学的方法和手段去解决教育教学中出现的各种困惑及问题，促进学生个性的全面发展和潜能的开发，为他们的幸福人生奠基。

2. 总结心育 + 德育的实践成果，引领区域育人新模式

学校逐步形成心育与德育相融合的基本操作策略、途径和有效载体，为其他同类学校提供参考和借鉴的样本。

3. 顺应时代发展趋势，树立“大心理健康教育观”

新时代以社会心理服务建设为背景，中小学心理健康教育工作在组织实施、机制建设、领导管理等方面必须进行调整，树立上下协同、五育并举的“大心理健康教育观”，全面推进心理健康教育工作提质增效。同时通过学校对家庭、社区的辐射，以及三者的互动，培育自尊自信、理性平和、积极向上的社会心态，助益校园的和谐、社区的安定及社会的文明。

融心语关怀　育阳光少年

——广东省中山市火炬开发区香晖园小学以心育人特色发展

情况概述

名城中山，伟人故里，厚重的博爱精神和创新的火炬文化孕育出年轻的中山火炬高技术产业开发区香晖园小学。学校于2011年9月1日创建，占地面积38277.40平方米。目前，学校已有2065名学生，41个教学班，110位教职员工。

香晖园小学关爱生命的健康成长，以美国教育家内尔·诺丁斯的“关怀教育”为理论依据，结合革命先行者孙中山的“博爱”思想及火炬开发区人文历史文化精神提出“关怀教育”办学理念。在此背景下与学校“关怀，让你我幸福”的核心价值观相结合，形成“以关怀育心”的心育文化，努力创造有利于师生成长的心理健康教育物质和精神环境，培养积极乐观的阳光少年，建成了心理健康教育阵地“心语访”。

主要做法

1. 完善的心理健康教育工作机制

学校把心理健康教育工作纳入五年发展规划，依据《广东省教育厅关于中小学校心理健康教育工作规范指引》制定学校心理健康教育发展规划，完善了《香晖园小学师生心理健康“三预”机制》《香晖园小学心理健康教育教学制度》《香晖园小学师生心理健康档案管理制度》《香晖园小学师生家长心理健康辅导制度》等规程。

2. 强劲专业的心育团队

学校以行政牵头，心理教师为核心骨干，科级组长、班主任、家长代表和开发区医院心理科梁医生团队、中山市第三人民医院周医生为骨干组员，组成心育工作的核心力量。此外，全体教职员工均是学校心理健康教育的参与者。目前，学校有专职心理教师 2 人，兼职心理教师 4 人，获得心理健康教育 A 证 6 人，B 证 25 人，C 证 56 人，三级心理咨询师 2 人，二级心理咨询师 1 人。

3. 优雅的心育环境

学校十分重视心理健康教育阵地的规范建设，依据教育部《中小学心理辅导室建设指南》、广东省《心理健康教育示范学校条件和建设措施》和中山市《心理健康教育阵地建设要求》等文件精神，投资建设学校的心理健康教育阵地“心语坊”。学校将心理健康教育经费纳入年度经费预算，保证每年生均经费在 10 元以上。“心语坊”从 40 多平方米的小屋拓展为 400 多平方米的活动场地，下设“五心”功能区域——知心阁、开心阁、晴心阁、舒心阁、静心阁，里面教师办公室、团辅教室、个别辅导室、沙盘室、宣泄室、档案室和资源室一应俱全。

4.“十个一”工程厚实心育地基

为了让学校的心育工作更加规范化、制度化、科学化，让心理健康教育深入到教师、学生、家长群体中，提升大家的心理品质，该校以“十个一”工程为心育工作载体，每学年精心准备各项活动。开学初一次全员心理问卷筛查；每学期一次心理健康主题月活动；心理教师每学年对外上一节公开课，每学期上一节校内交流示范课；每学期一次全体教师心理培训、心理团康活动、家长心理健康专题讲座；一次新生团康辅导活动，一次心理领袖团训练营；每学年一次论文比赛，一次心理宣传墙报；两周一次心理委员集训会。

5. 特色课程——培育“阳光”少年

多年来，香晖园小学一直践行“暖心管理＋走心教育”的工作信条，不断深入研究和践行校本“4+8+5 关怀教育”课程，培养“阳光”好少年。其中，“4”指四个关怀教育维度的育人方向；“8”指学生六年养成的八大关怀核心素养；“5”指心理健康教育五心课型。

生命和谐课程：关怀自己——自爱、自律。校园和洽课程：关怀他人——诚信、感恩。自然和美课程：关怀自然——节俭、爱卫。家国和顺课程：关怀社会——爱国、奉献。

（1）生命和谐课程。以安全与心理健康教育为主要维度，以培养学生自爱、自律为目标，依托“心语坊”开设“五心”心育特色课。“五心”心育课分为基础心理课型和特色课型，以培养学生积极心理品质五种能力为目标，分别是悦己心、乐群心、自信心、专注心、好学心，倡导孩子们以积极、主动、热情的姿态拥抱当下的幸福，感受生命的价值。

①扎实推进心育基础课堂。将心理健康教育课纳入课堂教学，全校各班每两周开设一节心理健康教育课。根据不同阶段学生特点，确立不同主题教育课，每月一次心理健康主题班队会课。每一位教师都是心理健康教育的参与者与引导者，“心语坊”的教师们提供心理健康教育主题课资源，班主任针对学生特点进行补充与修改，在班级授课。

②因材施教，育“五心”少年。学校根据学生问卷筛查结果、班主任观察到的异常学生、心理委员上报的名单以及主动寻求咨询的个案，分析学生心理异常的原因，提出“心语坊”五种能力提升的策略，经过几年的

研究与实践，逐步形成独具特色的“五心”乐园课型：知心乐园课、开心乐园课、晴心乐园课、静心乐园课、舒心乐园课。

知心乐园——个别化心理辅导。针对心理异常学生，根据个体特点，采取贴切的辅导方法，开展个别化辅导。

开心乐园——游戏绘画小组课。针对性格比较内向、不善言辞、人际沟通不畅的学生，以曼陀罗绘画、沙盘游戏等心理疗愈辅导课帮助他们表达情绪，缓解焦虑，让学生融入集体，提升乐群心。

晴心乐园——团体辅导课。面对的群体是全班学生或心理问题类似的小团体。主要以游戏、活动形式开展教学，让学生在活动中、在同伴交流中增强心理能量，获得心灵成长。

静心乐园——专注力特训营。以心理社团的形式，为上课注意力分散严重的学生开展“注意力特训营”训练课，引导学生学会控制自己，提升注意力水平。

舒心乐园——不同群体主题心理讲座。每学期针对学生、家长、教师开展三个专题讲座，形成心育合力，着力提升师生、家长的心理健康意识和心理健康水平。

（2）校园和洽课程。从关怀他人维度，从培养学生诚信、感恩之心为目标，每学期由德育处、少先队部通过升旗仪式、晨会、主题队会、主题活动等形式落实，让学生在关怀他人的过程中提升心理品质。

诚实守信活动课——每周一次晨会绘本故事课堂，让学生在故事中潜移默化地感悟诚实的重要；学校每学期开展以诚信为主题的系列活动，形成良好的校园氛围。

感恩孝顺活动课——清明节，通过缅先烈、明历史，知国情、兴中华的讲座，让学生感恩先辈，奋发读书；教师节，通过给教师颁发“最美教师”奖状，让学生学会感恩老师，感恩知识；母亲节、妇女节，开展“服务妈妈的一天”等活动，让学生感恩母亲，孝顺家长；中秋、重阳节，通过给老人送粮食，让学生感恩长辈，关爱老人；通过植树节种树、喂养小动物，让学生感恩生灵、珍爱生命。

（3）自然和美课程。从关怀自然维度，以培养节俭、卫生的生活习惯为目标，开展各项体验课程。每学期整理书包等劳动系列比赛活动，每天午饭的“光盘行动”，中秋节举行“月光行动”回收月饼盒制作精美手工，寒假实践作业让学生合理使用压岁钱，假期研究水的高效利用，等等，让学生通过行动真正实践环保节约的理念，在实践中养成良好习惯。

（4）家国和顺课程。从关怀社会维度，以培养爱祖国、乐奉献的香小少年为目标。每逢佳节，亲子义工队都会自筹礼物慰问当地困难家庭；两次远赴连南瑶族自治县东芒小学开展亲子爱心助学活动，捐赠书籍、文具等学习用品3000多套，保暖衣物528件，爱心书包20个，受到当地师生的热烈欢迎。同时，学校利用节假日实践作业，倡导学生做志愿服务，给社区、街道做好事，争当小雷锋。

除了“4+8+5关怀教育”课程外，其他学科也有意识地渗透心理健康教育。心理健康教育不是孤立的存在，它依托各学科课程与精彩活动，依靠全体教师、学生与家长的共同努力，关怀、关注与关爱学生的心理成长。

延伸阅读

幸福心理——奠定心育基础

积极心理学提倡用开放和欣赏的眼光来看待每一个人，强调心理学要着力研究每一个普通人具有的积极力量。因此，学校心理健康教育倡导每一位师生以积极、主动、热情的姿态拥抱生活中微小、确实、当下的幸福，追寻生活中的“小确幸”。

香晖园小学的心育工作信条是“暖心管理+走心教育”，开设“五心”特色课程，培养“幸福”好少年。幸福心理学关注人性、社会和生活的积极面，关注人类的生存质量，致力于研究人的幸福生活。幸福是多样的，人人都可以拥有自己的幸福，关键在自己的感知和体会。

主要启示

从实践中发现学生的需求，从行动研究中探索儿童心理发展规律，是开展心理健康教育的基础，也是未来的发展方向。

1. 学校文化引领心育特色

在“关怀教育”的办学理念引领下，全校师生沐浴在健康的校园文化中，学校关怀每一个人，形成了良好的心理健康教育物质和精神环境。

2. 以微课程推进学校融合教育

为了更好地关注有特殊需要学生的心理健康，学校以微课程的方式，对家长、教师、学生进行系统化培训，促进学校融合教育的发展。

3. 以科研活动促使教师深度思考

一方面，心理教师参与科研活动，可以引发对工作的进一步思考，提升自己的专业素养；另一方面，用研究的思维来开展心育工作，可以起到与时俱进、事半功倍的效果，从而推动学校心育工作迈上新台阶。

多元途径营氛围　多方参与重渗透

——安徽省芜湖市环城西路小学“三二一”心育模式的构建与推广

情况概述

安徽省芜湖市环城西路小学是一所百年老校。21世纪初，城市改造导致学校周边人口锐减，流动和留守儿童学生大幅增加，很多学生出现亲子关系紧张、人际关系处理不当、情绪不稳定等心理困扰；部分教师长期处于心理亚健康状态，影响教育教学效果。

面对学校师生以及家长普遍缺乏相关的心理健康知识，全员心理健康品质不高等情况，学校于2008年9月开始，在学校、家庭、社会共同合作下进行了普及性小学心理健康教育模式的构建与实践探索的研究，最终形成了“三主导”“二辅助”“一基础”的“三二一”心理健康教育模式。该模式面向全校师生及家长，以心理宣传、心理健康课、主题心理活动为主导途径，以心理健康教育的家庭渗透与学科渗透为辅助方式，以心理辅导为基础。

实践证明，该模式不仅操作性强、适合本校实情，并且具有较高的推广价值。现已通过“国培计划”向安徽省各地市的一线心理教师或校长分享十余次，接待学员到校实地参观学习近二十次，与多所学校签订共建协议，带动其开展心理健康教育工作，并取得积极成效。2015年8月，校长费叶庆、心理教师薛倩获得“全国心理教育普及工作先进个人”，环城西路小学获得“全国心理教育普及工作先进单位”；2017 年 7 月，环城西路小学被教育部评为第二批“全国中小学心理健康教育特色学校”，该项成果已获 2018 年安徽省基础教育教学成果二等奖。

主要做法

1. 以心理宣传、心理健康课、主题心理活动为主导途径

（1）加强心理宣传阵地建设，营造学生喜欢的心理氛围。十二年来，经过三次扩建和装饰，心理咨询室“快乐小屋”简单温馨，配备了五个功能室和箱庭等专业设备。此外，学校还开辟了十余处校园心理宣传板块，定期更新宣传内容。学校隔年举办心愿画展示活动，学生运用多种表现手法表露的心声：有近期小心愿，如《我想当班长》，也有未来大心愿，如《我要当宇航员》；有生活心愿，如《亲情一家人》；也有学习心愿，如《我要考 100》。一个个美好的心愿打动着观众的心。

（2）抓住心理健康教育课堂，发挥学校教育主渠道作用。学校心理健康教育主要是帮助学生认识自我、认识自己与社会的关系，发展潜能，更好地适应学校、家庭和社会。学校教导处将心理健康课排进课表，各班隔周一节。努力丰富教学手段、提升教学质量，让不同年级的学生掌握适合年龄发展的心理健康知识并能运用其解决具体问题，以提高学生的意志、行为习惯及交往意识与能力。学校开展的“沐浴阳光，健康成长”心理健康教育区级现场会，向全区各校的心理教师展示了 6 个年级的优秀心理公开课，起到积极的示范效果。

（3）打造环西心理主题活动，提升学生心理健康品质。每学期根据各年级学生年龄特点开展不同的团体辅导活动，有针对性地帮助学生解决问题，使学生正确地看待自己和他人；坚持每周开展一次全校放松训练，

让学生获得心灵的休憩；坚持每月开展一次“快乐姐姐讲故事”，让学生从故事中了解心理现象，获得心理知识；每年 11 月素质教育开放周期间，举办为期三天的心理游园会，组织各班级开展有趣的团队游戏，师生和家长共同参与，体验互相关爱及合作的乐趣，增进彼此之间的沟通与理解，学生在其中缓解了学习压力，增进了集体凝聚力；成立“阳光童年”心理剧团，举办心理剧排演活动，让学生在角色扮演和观看互动中体验剧中人物的心理变化，提升心理健康水平。

2. 以心理健康教育的家庭渗透与学科渗透为辅助方式

（1）以不同形式进行心理健康教育的家庭渗透。已有研究发现，儿童的心理健康问题大多来源于家庭。所以，学校将心理健康教育的家庭渗透与其他心理健康教育工作并行开展。学校结合实际情况，每学期召开全校家长会，利用广播或微课等向家长传递心理健康教育知识，帮助他们了解不同年级孩子心理特点，分析不同问题的应对措施，认识到良好亲子关系对儿童心理发展的重要性。为了让每个学生家庭都能了解学校的心理健康教育工作进展和现状，传递心理健康专业知识，做好心理健康教育特色宣传，2010 年，学校创建了《阳光童年》心理健康报，搭建了家校沟通桥梁，受到家长一致好评。

（2）在日常教学中注重心理健康教育的学科渗透。教导处要求每位教师在备课中结合教学内容、学生特点设计心理健康教育内容，教学反思环节要能看出在教师积极关注下的精彩生成，教导处在例行备课笔记检查中有记录和反馈。这是从思想上引起全校教师的重视，从教学流程管理上规定全体教师备课的规范。有规矩才能成方圆，如此教师们才能真正在课堂教学中重视对学生的心理健康教育。

3. 以心理咨询为基础，做好个案咨询和研究工作

心理咨询室“快乐小屋”每周两个下午面向全校开放，心理教师遵循

保密性原则，认真接待每一位来访者，并做好咨询记录、心理档案和分析反馈。目前“快乐小屋”的咨询个例已达300多例，咨询内容主要涉及亲子关系、伙伴交往、考试焦虑等方面。针对小学生群体的特点，学校积极探索传统咨询模式与箱庭疗法的有机结合，以提高个案咨询的实效性。2011年，环城西路小学心理咨询室被评为镜湖区“示范心理咨询室”。

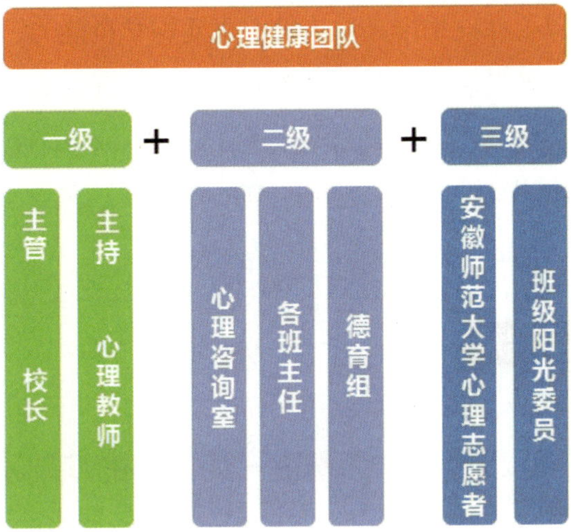

心理健康教育三级团队结构图

（注：一级领导团队、二级实施团队、三级协作团队）

“大道至简”，小学心理健康教育“三主导二辅助一基础”模式，通俗易懂，便于操作，普及性强。实践过程中，环城西路小学与安徽师范大学教科院心理系长期合作，吸收心理志愿者协助参与工作，保证专业性。学校建立了心理健康教育三级团队和保障性制度，系统开展工作，配备专人负责工作，保证经费投入。

延伸阅读

“三二一”心理健康教育模式的理论基础

积极心理学。积极心理学倡导探索人类的美德，研究及关注的中心之一是积极的情绪和体验。诸多研究证实：当学生周围环境和师友提供了最优的支持、同情和选择时，他们最有可能拥有良好的心理素质和人际关系。所以，向学生宣传积极的心理知识，激发学生的正向能量，发挥他们积极的潜能，让他们获得幸福感和生命意义。

心理发展理论。我国著名心理专家林崇德教授强调，要以青少年心理发展的基本规律为出发点，以培养思维品质作为发展智力和培养能力的突破口，并以思维品质为核心来建构学科能力，从非智力因素入手来促进学生全面发展。因此，要关注小学生心理健康，激发动机，培养兴趣，促进学生明辨是非，树立正确的世界观、人生观、价值观，最终形成健全的人格。

主要启示

1. 以专业作为推进一切工作的基础和保障

心理咨询是学校心理健康教育的基础工作，通过开设心理咨询室，实施心理健康教育，普及心理健康知识，解决了学生的心理健康问题，确保了心理健康教育的基本质量。通过来访资料可发现全校学生心理问题的根源，再依此确立适合的心理健康教育目标和内容，对提升全校学生心理健康品质必然事半功倍。

2. 通过多元途径营造浓郁的关爱学生心理的教育氛围

积极利用课堂、广播、活动、报纸等多种途径，化被动为主动地宣传心理健康知识，营造让学生感受到关爱的教育氛围，让学生在充分的体验中感悟与内化，激发正能量，获得心理品质的提升。

3. 多方参与以确保心理健康教育的长期效果

教师和父母依据不同年龄孩子的心理特点，运用正确的方法与之相处，建立融洽的亲子关系和师生关系。学生在宽容的课堂环境中会更加自信，合作能力更强；在融洽的家庭成长氛围中学生内心更加有爱，更加强大。多方合作方能帮助孩子成长为一个身心健康的人。

“七七心育”模式在后疫情时代的应用

——天津市第四十七中学心育工作的探索与实践

情况概述

天津市第四十七中学始建于1954年，1978年被定为天津市首批19所重点中学之一，是天津市首批示范高中校。受疫情影响，学生心理问题频发，自复课以来，学校心理中心通过面谈、热线、邮箱等接待的学生心理咨询近200小时。咨询中反映出的学生的共性心理问题主要有：一是由于父母吵架离异、父母对成绩期望过高、亲子沟通不畅等家庭原因造成的学生心理问题，占到80%以上；二是高一新生适应不良，部分学生因周围同学都很优秀而心理失衡；三是对自己未来的选科、选专业等生涯问题感

“七七心育”模式框架概图

到迷茫。为此，学校希望找到一种切合本校学生心理特点的心育模式，做好疫情后学生的心理建设工作。在总结既往经验的基础上，学校探索与实践了"七七心育"模式，取得了良好成效。

主要做法

1."1+3"课程，七彩润心，立足根本，一心一意用好课堂主阵地

"1+3"课程围绕一个核心和三个支点，通过系统性、辐射性、自主性、专业性、聚焦性、互助性、互动性七彩元素，给学生提供一个稳定的育心空间。

"一个核心"即心理健康教育校本课。从 2005 年开设至今，学校每周一课时保证了课程的常态实施。课程包括生涯指导、潜能开发、学习指导、人际交往、素养训练五大模块，以及案例启发、团体训练、小组对话、情境模拟四种形式，培养学生尊重生命、积极乐观、坚韧阳光的心理品质。

"三个支点"即心理班会课、心理讲座课、心理社团课。心理班会课以学生视角面向全体，打造"四个自主"，即学生自主选材、自主主持、自主发言、自主讨论。心理讲座课以专家视角突出重点，打造非常"3+3"，即学生、家长、教师三层面，生涯、阳光、减压三系列。心理社团课以朋辈视角，培养技能。

2. 多元活动，七星明心，创新思维，一心多用拓宽育人渠道

北斗七星，七星相连，建四时、移时节。以七星明心，学校通过心理工作坊，在需要帮助的学生遇到困难时为给予其心力量；通过心理训练，在点滴细节中发掘学生心智慧；通过心理团建，在集体活动中凝聚师生心

动力；通过心理韵律操，在轻松氛围中感受学生心快乐；通过心理实践，在实际体验中促进学生心成长；通过心理团辅，在人际交互中协助学生心帮助；通过心理大赛，在竞争合作中助燃学生心希望。

3. 人文关怀，七心暖心，科学全员，多心一意协助内心成长

学校建立倒金字塔型人文关怀机制，全员育人。以同理心想学生所想，以好奇心探究问题根源，以研习心不断自我提升，以感恩心静对所有考验，以耐心给予积极倾听，以同心统一思想路线，以信心坚定育人成效。七心相衬，为学生内心成长温暖助力。从 2020 年起，学校每学期都会常态开展心理摸排，成立心理关爱专班每月一次交流研讨。多渠道全面开放心理中心，在接到的心理咨询中，最短半个小时，最长三个小时。在人文关怀机制下，2020 年，学校成功处理了两例学生危机事件，为学生健康成长护航。

4. 艺术渗透，七弦冶心，美育减压，全心全意感受生活美好

古琴一器具三籁，七弦合奏，音色深沉，余音悠远。以美育心，将学校主导与学生主体相结合，充分发挥学生社团在美育中的作用。戏剧、曲艺、歌唱、摄影、绘画、演讲、演奏，七大学生课间文化，使学生在美育活动中陶冶情操、缓解焦虑，感受艺术活动的乐趣和生活的美好。

5. 协同育人，七借饰心，阡陌纵横，齐心协力共思共感引共鸣

借同伴，充分发挥各班班委、心理委员、心理学爱好者的心理危机朋辈预警作用；借家长，全面发挥家庭教育在促进学生心理健康方面的积极作用；借学校，加强顶层设计，强化活动落实；借社会，与社区开展共建活动，专职心理教师走进社区，为社区家长开展心理讲座，建立心灵支持小组，通过一份心意点亮万家灯火；借专家，利用学校卓雅讲堂，广邀各

界专家为学生进行讲座，使学生增长见识、开阔眼界；借专业，科研引领，与高校合作开展课题研究；借平台，与天津师范大学心理学部建立教学科研实习基地；与天津广播电视大学家庭教育学院合作，面向全市中小学师生及家长推出心理健康教育系列微课。七借合力，以最佳育人“工艺”，达闪亮心育成效。

6.“每月三环抱”，七智衡心，三阶升华，尽心尽力促进全面发展

每月围绕一主题、每月回绕一训练、每月环绕一活动，激情九月、科普十月、自省十一月、温暖十二月、迎新一月、春暖二月、希望三月、读书四月、阳光五月、奋进六月、大爱七月、励志八月。通过系列活动，促进学生德（品德→道德→公德）、智（知识→智力→智慧）、体（体力→体质→体育）、美（美丽→美化→审美）、劳（劳动→付出→奉献）、情（感情→情商→共情）、神（眼神→心神→精神）均衡发展，训练学生的“发展 15 力”。

7. 自我管理，七商赏心，静待花开，满心满意交心育答卷

“我是谁?”“我从哪里来?”“我到哪里去?”面对这个复杂的时代，学校需要从七个方面提升学生的心理素质，即智商、情商、逆商、德商、悟商、志商、心商。学校心理健康教育，要立足于以学生为中心的教育原则，尊重学生的中心地位，运用多元化的教育方式，使学生在潜移默化中形成积极向上、乐观开朗的个人品质，促进学生的未来发展。

延伸阅读

幸福的 PERMA 模型

PERMA 模型由“积极心理学之父”塞里格曼在《持续的幸福》一书

中提出。P= 积极情绪（Positive Emotions），E= 投入（Engagement），R= 人际关系（Relationships），M= 意义（Meaning），A= 成就（Achievements）。塞里格曼认为要将幸福感提升到理想水平，就要关注 PERMA 五要素的各个组成部分如何被触发，并且注意你可以做些什么来为目标的追求、热情的滋生以及坚毅的培育创造最佳条件。

“PERMA”理论的本质在于积极教育，就是以学生外显和潜在的积极力量、积极品质为出发点，以增强学生的积极体验为主要途径，培养学生个体层面和集体层面的积极人格。积极教育不仅纠正学生的错误和不足，更主要的是寻找并研究学生的各种力量，并在实践中对这些积极力量进行挖掘并扩大。

主要启示

1. 打破局限，增加积极体验是基础

增加学生积极体验的途径是多样的，可以在课堂、在户外，在活动中、在实践中；可以教师为主导，也可以发挥学生的自主性；可以是特定群体的，也可以是大范围的。学校要发散思维、打破局限，将心理健康教育活动与学校的其他活动相结合，做到时时有心育、处处有心育。

2. 加强联结，协同各方力量是关键

时时处处有心育必然要以学校心理中心为核心，辐射校内的所有成员和校外的各种力量，如朋辈、教师、领导、家长、大学、社区、社会等，联动学生周围的所有网络，调动所有可用的资源，借助专家的专业支持，各方合力促进学生的身心健康发展。

3. 着眼未来，心育工作科学化、体系化是方向

学校要以学生外显和潜在的积极力量、积极品质为出发点，以更高、更长远的视角综合规划心理健康教育工作。从学生三年发展的角度，通过更加系统化的设计培养学生的积极人格，发展学生的积极力量。

心灵导航　共同成长

——华东师范大学附属天山学校为学生心理健康成长导航

情况概述

华东师范大学附属天山学校创办于1954年，是由陈毅市长签署的上海市人民政府创办的十所学校之一。多年来，学校秉承“崇德立志、务实创新”的校训和“为生命成长导航”的办学理念，推进课程改革，提升办学品质，赢得了良好的社会声誉。

学校一直秉承“心灵导航，共同成长”的心育理念，围绕“课程育心”“活动怡心”“双导助心”实施开展工作。课程育心方面，基础型课程、拓展型课程及研究型课程相辅相成；活动怡心方面，依托优美的校园风景与特有的办学资源，开拓了心育活动新天地；双导助心方面，形成了为高中生心理健康成长导航的“学校—家庭—社会”协同育人管理机制——“双导制”品牌特色。

主要做法

1. 课程育心

（1）基础型课程。学校心理健康教育课程体系为“1+3”模式，“1”即“心灵导航——心理体验课”通识性课程，旨在围绕与高中生息息相关的心理专题开展普适性的心理辅导活动课，“3”即“青春絮语——青春期教育”“话说学习——心语讲堂”“艺术心理——心理的艺术表达”这三个专题性课程。专题课程聚焦于高中阶段面对的最重要的两个话题“青春期适应”和“学习调适”，采用适合高中生心理特点的心理辅导特色——“心理的艺术表达”，以讲座和拓展课的形式实施，促进学生珍惜生命，热爱生活，激发潜能，实现自我。

此外，为有效解决学生在学业发展、生涯规划等方面的困惑，帮助每位学生成长为更好的自己，每学年班主任都会执教心理健康主题教育公开课，例如，2018 年开展了“心灵导航，共同成长”系列主题班会展示活动，见下表。

年级	主题	说明
高一	认识自我，智慧选择	结合期中考试和“生涯平台”测试结果，对学生进行学习规划、选科指导。
高二	双导护航，共话梦想	结合“双导制”推进工作，邀请校外导师、导生参与主题教育，开展生涯导航。
高三	阳光心态，成功跨越	保持积极心态，正确应对考试压力，激发学习动机，助力学生成功考入理想的大学。

（2）拓展型课程。拓展型课程主要满足学生个性化学习需求，开发和培育学生的潜能和特长，培养其自我认知和自我选择能力。学校依据育人目标，逐步形成了对应尊重与适应、选择与发展、责任与担当等生命科学素养三个维度的拓展课程群。尊重与适应板块以生命健康和生存适应为抓手，促进学生身心全面发展，如“防灾减灾”“野外生存技能”等。选择与发展板块以生涯规划的指导和实践课程为载体，帮助学生自主选择、自我发展，如“生涯发展测评”“我的高中企划案”等。责任与担当板块以“走进自然”和“走向社会”为主题，培养学生保护自然、承担社会责任的意识和能力，如“生态旅游”“灾害解密”等。

（3）研究型课程。学校面向全体学生开设“课题研究入门”必修课程，指导学生开展项目研究的基本方法。在此基础上，开设“奇思科创”等STEM课程，引导学生掌握经历课题研究的真实过程，培育科学思维与科学探究能力。近年来，由心理团队教师辅导并孵化形成了“‘直播’受年轻人青睐的原因研究”“关于高中生攀比消费心理状况调查”“粉丝经济对当代高中生的影响专题研究”“家长对高中生使用手机的态度的调查与研究”等学生研究型学习心理小课题，引导学生关注自然、社会中的问题，通过自主探究、亲身实践，综合运用已有知识和经验创新性地解决问题。

2. 活动怡心

（1）天山之春，律动我心。天山之春，樱花烂漫。每年此时，学校会开展丰富多样的心理健康月活动，例如，2021年围绕主题“携手润心，生命成长”，音体美学科导师分别开展了“校歌改创”“生命呐喊”“素质拓展”活动，引导学生打开内心，舒缓情绪。系列活动广泛吸引师生参与，营造了积极友爱、健康活泼的校园心理氛围。

（2）天山之秋，点赞校园。天山之秋，银杏飞舞。每逢此时，学校会举办“天山之秋，点赞校园”系列活动，于缤纷秋色之中，师生用文字和才情点赞校园，感悟美好，滋养心灵。例如，2020年，学校开展了“天山Life”嘉年华活动，既有社团游园打卡活动，也有心理情景剧、话剧、健美操才艺展演，师生们在美丽的校园谱写活力的篇章。

（3）社会实践，助力成长。学校积极开拓社会资源，与各企事业单位签约合作，围绕“生命四度”（生命的维度、深度、高度和温度）主题开展系列社会实践。“拓宽生命维度”通过馆校合作的方式，帮助学生感受不同的生命姿态，学会珍惜生命，尊重生命，如“民防教育基地、禁毒科教馆”参观体验。“挖掘生命深度”使学生在参观体验过程中触发对生命的别样思考，如“疾控中心、精卫中心”参观体验。“提升生命高度”通过研学之旅的方式，为学生搭建提升自我的平台，如“高校寻访、科创班夏令营”等。“感受生命温度”让学生在帮助他人、奉献爱心的过程中展现自身的价值、感受生命的温度，如“长妇幼保健院、青聪泉儿童智能训练中心”志愿服务。

3. 双导助心

学校一直倡导全员参与的心理健康教育，并积极探索心育实施的新形式，逐步形成了由校内外“导师团”和“导生团”组成的“双导制”心育特色形式。

（1）相约天山：专家导师对教师及家长的心育指导。学校定期开展“相约天山”系列专题培训，由专家导师给班主任、全体教师以及学生家长做心育辅导。例如，心理特级教师杨敏毅为班主任开展“读懂学生的心”心理讲座；疫情期间，心理教师制作了“中小学心理危机的应急处置策略”微课，供各教研组学习研讨；区教研员指导班主任开展危机干预的情景剧演练等。

（2）天山知乎：校外导师对学生的生涯发展指导。学校定期开展“天山知乎”系列专题课程，邀请专家导师、家长导师和校友导师为学生进行生涯指导。例如，校友导师长宁区教育局局长姚期的“传授高中生活的三‘自’经”讲座，家长导师进课堂与同学们进行职业探索等。

（3）生涯导航：校内全员教师携手育心。心理教师团体辅导结合个别辅导，引导学生探索生涯发展；班主任导师指导学生完成“我的高中企划案”等生涯发展作业，定期开展生涯班会展示研讨；学科导师主动将心育内容融入课程教学中，设计有趣新颖的活动，激发学生的学习兴趣。班主任与学科导师密切交流学生情况，形成全员参与的心育模式。

（4）常春藤之约：学生互助成长团体。在常春藤互助团体中，学科导生分享学法秘籍，提高学习效率；心理导生定期接受心理教师培训，主动关心班级同学，积极发挥同伴心理辅导的作用。

在各类课程、活动和双导制形式的探索实践中，学校的心育工作取得了显著的成效。首先，提升了学生的心理健康素养，学习品质得到了提升，交往能力得到了发展，生涯规划能力得到了提高；其次，促进了教师的心理健康和专业发展，提高了心理调适能力和心育能力；最后，充实优化了学校管理机制，形成了心育、德育管理新模式，并开拓了“家—校—社”协同育人新途径。

延伸阅读

基础型课程与双导制

基础型课程指心理健康教育课程，旨在针对性地提升学生的心理健康水平；拓展型课程基于学生的个性化需求，开发和培育学生的潜能和特长，培养其自我认知和自我选择能力；研究型课程指导学生掌握开展项目研究的基本方法，引导学生经历课题研究的真实过程，培育科学思维与科学探究能力。

双导制指心理健康教育的导师制和导生制。学校扩大了导师制的内涵，导师不仅仅是学校的班主任和学科教师，还包括校外的心理专家、家长导师和校友导师；导生团包括毕业的学长学姐导生以及校内的学科导生和心理导生。借助导师和导生的力量激发心育工作机制的联动性，提升心育的互助与自助性。

主要启示

1. 加强学校顶层设计，统筹协调各方工作

心理健康教育不是心理教师一个人或者是学校某一部门的事情，需要学校领导层面给予重视，设立心理健康教育工作领导小组，激励各个部门协同工作，促进心理健康教育工作的有效推动与全面开展。

2. 加强全面多样渗透，科学整合多方资源

心理健康教育要想取得实效，除了心理课和个别心理辅导两个基本途径还需要在学校的课程设置、活动策划以及育人机制等层面进行思考，整合多方资源，将心理健康教育理念自然地渗透到学校各项教育教学活动当中。

磨炼积极心理品质　导引学生健康成长

——上海市青浦高级中学积极探索具有校本特色的心育模式

情况概述

上海市青浦高级中学具有近百年的建校史，其中，1999年建成现代化寄宿制高中，2005年成为上海市实验性示范性高中。学校现有36个班级，学生1400余人，教职工180余名，其中，专职心理教师3名。全部年级开设心理健康教育课程，心理常规工作有效落实，学校先后被评为全国心理健康教育特色学校、上海市中小学心理健康教育示范校。

学校以“积极青少年发展”作为学校心理健康教育的理论基础，以“磨炼·导引”为核心理念，将心理健康教育与促进学生生涯发展、提升学生综合素质相结合，积极探索具有校本特色的心理健康教育运作模式，逐步形成了创设磨炼情境、注重课程与活动结合、理性与情感融通、导引学生抗挫能力、培养积极心理品质的教育模式，有效推进学校育人目标的实现。

主要做法

1. 开发成体系、全覆盖的心理健康教育课程

青浦高级中学将心理健康教育课作为推进发展性心理辅导的主阵地，根据高中生的心理特点，开发并编撰《高中生心理健康教育课程》，在三个年级分专题、分层次开设心理课，并运用有效的教学方式和方法，培养学生积极心理品质，完善学生的人格。心理健康教育课程作为必修课程列入学校课程计划，其中，高一年级每周 1 课时，内容侧重于新生的学习适应和自我认知；高二年级每两周 1 课时，内容侧重于学习指导和人际交往；高三年级每周 1 课时，内容侧重于考试心理调节和生涯发展辅导。心理健康教育课程有完整的分年级教学计划，教学实施以活动为主，每课都有教案与课件。备课、上课、教研等环节也都有制度予以规范，每月举办两次校级或校级以上的教研活动，每学期推出两次校级或校级以上的教学观摩活动。

2. 实施课程与实践并重的生涯辅导

学校通过实施人生导师制、开发生涯课程和组织实践活动，有效推动了高中生的生涯辅导实践。

（1）根据“双向选择，适当调控”原则，基于聘任与责任，组建人生导师团队，对高中生生涯发展进行指导。导师团队通过师生互动积累典型个案，提炼成功经验，对有特殊需求的学生，运用心理技术实施团体辅导；从每个学生的实际出发，帮助制订个人发展计划，定期开展指导活动。

（2）开发生涯辅导课程。其中，高一年级共 5 课时，内容侧重于生涯认知与探索；高二年级 3 课时，内容侧重于生涯探索与规划；高三年级 3 课时，内容侧重于生涯规划与决策。开发生涯读本《高中生生涯规划自

助手册》，助力高中生了解生涯知识、规划学业与专业、结合自身特点做选择。

（3）学校与多个社会实践基地保持稳定的合作关系，改善实践条件，丰富学生职业体验；开展志愿者服务，主要内容包括倡导文明行为、送温暖献爱心、维护公共秩序和提供赛会保障，以及面向特殊群体的无偿帮助等项目。

3. 完善心理危机干预体系

针对高中学生出现心理危机。学校在长期探索过程中，形成以下做法：

（1）开设高中生命教育系列课程。根据学生不同的发展阶段，形成有系列、有梯度的生命教育课程体系，强化学生热爱生命意识，培养学生积极心理品质，增强心理调适的能力和掌握应对危机的技能。

（2）进行心理危机早期识别。通过行为观察和问卷测试，及时发现需要特别关注的学生，同时，定期进行心理危机潜在对象的筛查，确定重点关注的高危干预对象。

（3）提高教师危机识别与干预技能。开展“班主任应对学生心理危机工作指南”专题培训，帮助班主任掌握心理危机预防知识及干预途径等相关信息，提升导引技能。

（4）多方联合进行个案干预。学校专职心理教师和班主任联手，对于已识别出的“高危学生”，建立“学校—年级—班级”三级管理模式，保持动态信息的有效传递，继而探索危机管理有效模式并加强对个案学生的心理疏导，帮助他们恢复对生活和学习的信心。

（5）发挥班级心理委员的作用。组织心理委员填写“班级心理状况晴雨表”，向学校反映班级内发生的事件和同学中的异常行为表现，及时预警，防患于未然，同时关注有潜在心理危机的同学，积极开展同伴支持和心理援助。

延伸阅读

以“磨炼”助力青少年发展

“磨炼”是学校办学理念的关键词，“磨炼出素质”是这些年来师生成功、成长、成才的基本经验。磨，指不厌其烦、不断积累，强调要有锲而不舍、水滴石穿的精神，还包含细致、耐心，不怕挫折、包容失败等含义。炼，指亲身体验、亲手操作、亲自实践，强调要有深入实际、亲力亲为，不怕锤击摔打、甘受淬火的精神。“磨炼”是一个由量的积累导向质性改变的过程，体现了量变到质变的事物发展规律。

以积极青少年发展理论为指导。从20世纪90年代开始，美国在青少年发展领域的研究中出现了一个新名词——积极青少年发展理论（Positive Youth Development，PYD）。它整合了积极心理学、品格教育、情感教育等多种理论，迅速在美国青少年发展研究领域中流行，并对青少年发展的相关政策、课程与项目带来重要影响。PYD理论强调青少年发展的“六C”特征指标，包括能力、自信、连接、品格、关怀和贡献。PYD理论强调学校心理健康教育的重要使命和任务在于倡导和促进所有学生的积极发展；学校心理健康教育不仅要关注学生的问题和缺点（弱势领域），更要致力于促进学生的优势或者能力的发展，学校心理健康教育的工作重点是提升青少年的发展资源。

主要启示

1.注重顶层设计与制度建设

心理健康教育纳入学校五年为一期的整体发展规划，并列入年度工作计划；成立学校心理健康教育领导小组，构建了以专职心理健康教育教师为核心、班主任为骨干，全体教职员工共同参与的心理健康教育工作机制；制定了心理健康教育工作条例、心理咨询室管理制度、心理危机干预制度等规章、规范，以保证各项心理健康教育常规工作有效实施，保障心理危机干预与转介工作的组织实施，以及危机干预案例督导、追踪等工作的规范有序。

2. 抓牢心理课堂主阵地

青浦高级中学将心理课堂作为推进发展性心理辅导的主阵地，根据高中学生的心理特点，在三个年级分专题、分层次开设心理活动课，并运用有效的教学方式和方法，培养学生六大积极心理品质，完善学生的人格，为学生成长发展服务。这些心理品质包括：能力——在学校、社会情境以及工作中有效行动的本领；信心——内在的关于总体自我价值和效能感；人际联系——与他人和社会机构的相互交往；品格——对社会和文化规则的尊重，一种内在的道德行为指南；关心——对他人的同情感和同理心，以及对社会公正的承诺；奉献——通过关心自己使自己不成为他人的负担，同时在家庭、社区和公民社会中作出自己的贡献。

3. 配备优质师资队伍

青浦高级中学重视心理健康教育师资配备，目前已拥有 3 名专职教师，师生配比为 1∶500。专职教师均系师范大学心理学专业毕业，具有硕士学位，并持有上海市学校心理咨询师（中级）和国家心理咨询师（二级）双重资质证书，其中，含区学科带头人 1 名。三位专职教师负责学校整体的心理健康教育策划、组织与实施，也各自负责一个年级的心理课教学工作。学校重视心理教师的专业发展，积极支持教师参加各项专业培训。学校还选拔 10 名骨干教师参加上海市学校心理咨询师培训，获得资质证书，继续壮大心理健康教育团队的兼职力量，并持续开展人生导师的指导活动。

4. 以课题研究带动实践

为了科学实施心理健康教育，学校积极开展心理课题研究，先后成功申报了13项市、区级科研项目。其中，有上海市教育科学规划办公室立项的课题“高中生心理危机预防、识别与干预的实践研究”，青浦区教育科学研究重点项目“基于高中生职业心理发展现状的生涯辅导实践研究”等。课题研究的申报和实施，有力地推动了学校心理健康教育的实践探索，促进了教育质量的提升。

好学力行　优势发展

——上海市市西中学生涯规划教育整体实施策略

情况概述

随着社会对人才专业化程度的要求提升，高中生的生涯规划教育越来越受到重视。在高考制度改革的背景下，学生的生涯意识有所提升，对于生涯辅导的要求也逐渐提高。

近年来，在“好学力行”校训的引领下，上海市市西中学提出了“从优秀走向卓越”的学生培养目标。为适应社会发展和高考改革的大背景，学校本着“活动即课程，实践即学习，经历即收获”的教育理念，开发并整合了丰富高中生生涯体验的校内外社会实践活动，构建了生涯规划教育的资源、师资、形式校内外一体化，有针对性地对学生开展生涯教育，目前已经取得了一定的经验与成果。

主要做法

1. 规划引领，明确指导——生涯规划教育的实施目标

高中生生涯规划教育是学校学生发展指导工作的重要组成部分，在学校发展规划的制定与实施过程中，具有重要的地位。普通高中学校实施学

生生涯规划教育，并不是某几位教师的事情，需要全校有一个旨在促进学生发展的统一认识、全员参与的行为，以及全面体现和全程落实的表现。因此，学校有必要将发展规划、育人目标与学生生涯规划教育制度相结合，在学校发展规划的整体框架中，明确高中生生涯教育的目标和内容。

在“从优秀走向卓越”的新发展目标引领下，在先进教育理念的指引下，市西中学在近五年的发展规划当中，聚焦人的全面发展、个性发展、终身发展，进一步诠释了学校的育人目标：身心健康全人格，合作包容有爱心，尊重规则会选择，创新实践善质疑，胸怀天下担责任。学校致力于培养“志存高远，好学力行，学力强实，人格健全，具有学术素养和领袖气质的优秀高中毕业生”，在区域不断深化个性化教育的背景下，开展了“优势学习”理论的研究与实践运用，不断推动学生个性和谐发展。学校不仅关注学生学力的提升，更注重培养学生健全的人格，助力学生走稳、走好、走远。

学校的办学目标中蕴含着学校的生涯教育理念：以自主规划树立学生的高远志向，促其立志（自主规划）；以内在探索激发学生的学习动力，促其好学（自我探索）；以实践体验拓展学生的成长视野，使其力行（环境探索）。

学校在整体发展规划当中明确生涯规划教育目标，在实践中发挥自身优势，提升生涯规划教育成效，将生涯规划教育渗透到学校教育的各项工作中，建立了一套生涯发展指导工作机制。

2. 建立组织架构，完善运作体系——生涯规划教育的实施基础

为了更好地指导、服务学生的长远发展，学校重新界定了心理健康教育指导中心的职能。心理中心隶属于学生发展处，在学生发展处的领导下，具体负责与学生生涯规划教育相关的课程实施、个别辅导、主题活动、实践活动、社团活动的设计和实施，组织年级组开展活动，组织班主

任心理健康培训，以及扩展学校与家长、社区之间的联系，收集和联系相关资源等。

以校长室为顶层设计，教育管理处、学生发展处、教育保障处三部门协同；各组室分工合作，以心理健康教育指导中心的专职心理教师为核心，指导和组织兼职教师开展生涯规划教育，并联合班主任、学科教师、免修生导师、家长、社区等力量，形成校内外生涯规划教育的合力。

通过顶层设计、部门协同、组室分工和师资合力，形成学校学生生涯发展指导的“全体”模式，让每一位教师都参与到学生的生涯发展指导中来。除了心理辅导教师对学生开展专业的生涯测评和个别指导以外，班主任也参与学生的个别指导，并及时反馈；各学科教师、研拓课教师、社团指导教师通过学科渗透的方式，在课程当中融入生涯规划教育；免修生导师对免修学生开展一对一的学业、生活等生涯指导，并帮助学有余力的学生开展更长远的生涯规划。

3. 整合内外资源，建设生涯课程——生涯规划教育的载体

自 2012 年以来，学校已经在高一至高三三个年级开展了各类以社会实践促进学生生涯体验的课程和活动，具备一定的学生基础，取得了一定的工作成果。在各项活动中，学校不断积累校内外的生涯规划教育队伍资源，主要包括以下四类：一是在校教师（心理教师、班主任、免修生导师等）、在校学生（校内）；二是学生家长（校外）；三是校友（校外）；四是社区、社会公益组织（校外）。

基于这四类队伍资源，学校以课程探索和建设为契机和载体，开发了一系列有效提升学生生涯体验的课程，包括群体层面、部分层面和个别层面的：群体层面的包括面向全体学生的基础型课程、主题活动和实践活动等；部分层面的包括拓展型、研究型课程、社团课程等，学生可根据自身兴趣自主选择参加；个体层面的包括面向个体开展的生涯测评和生涯指导等。

（1）校本课程。根据各年级学生的年龄特点、心理特征和发展需求，学校制定了各年级生涯发展辅导的教学重点，为学生优势发展提供学习平台。学校在心理课上开设了“自我认识”“职业认识”“时间管理”“志愿填报”等主题生涯规划教育课程。此外，根据学校文化传统和培养目标，学校又进一步对基础型、拓展型、研究型、学生社团、时间活动等选修课程进行了全面整合，统整为四个课程群：以“哲学”为核心的方法思辨课程群、以“工程”为核心的综合理科课程群、以“健康”为核心的身心修炼课程群、以“服务”为核心的卓越公民课程群，为学生探索和发展自身兴趣提供了丰富多样的选择。

（2）主题活动。围绕生涯发展指导目标，学校设计了一系列生涯规划相关的主题活动，为学生志存高远、追求卓越奠定基础。

新生入学之初就会参加“寻访身边的校友”活动，撰写采访文章，并在年级中开展交流，目的在于促进新生对校训的认识和认同，以校友的经历激发他们高中三年自我探索和发展的动力；在撰写了高中三年个人规划之后，举办“相约三十年后的心愿封存仪式”，以仪式的方式激发对未来的想象，并以此为鞭策助力高中生活；高一寒假，学生以自己的职业理想为方向，开展“职业人物访谈”活动，撰写访谈记录并在年级中开展交流，促进对职业世界的了解，发展自主规划的能力。高二学生开展“模拟商业大赛”，体会创业的艰辛与收获。学校将高三学生的“十八岁成人仪式”“高三毕业典礼”等主题活动与生涯规划教育相结合，通过庄重又有意义的仪式和典礼，促进学生放眼未来、追求卓越。

（3）实践活动。本着“活动即课程，实践即学习，经历即收获”的教育理念，学校开发并整合丰富的社会实践活动，有针对性地对学生开展生涯教育，帮助学生找到生涯发展中的“灯塔”，为自己的学航职航指点方向。在校外的各类社会实践和志愿者活动中开展生涯体验活动，同时充分利用校友、家长、社区等各类资源，整合力量，共同推进学生的生涯发展。暑期，学校会在高一、高二的学生中开展“文化游学”“进楼宇看企业”等活动，部分学生会奔赴大学校园和实验室参观，部分学生自主安排职业岗位的实习见习，读万卷书，行万里路。同时，将各类社会实践活动与“生涯人物访谈”活动相结合，突出高中生对职场和人生规划的了解。将综合素质评价中的公益劳动类的社会实践活动整合起来，与职业体验相结合，收集学生的体验等反馈，促进学生在社会实践中对职业世界的体验。

（4）个别指导。基于优势学习理论，学校尊重学生的个性化优势，引导学生认识自身优势。学校通过专业的生涯测评和管理系统，在新生入学之初开展多元智能、学习风格等方面的测评，促进学生对自我在职业兴趣、人格特质、能力、价值观和学科兴趣等方面的认识和了解，并在此基础上撰写和完善三年个人规划。心理中心会对学生整体的测评结果进行统计、分析和反馈，每位新生还配有班主任或任课教师担任的“生涯导师”，生涯导师结合测评结果给予学生反馈和指导，心理教师针对有进一步需求的学生开展一对一生涯辅导，助力学生发现自身优势。此外，学校还开发研制了助力学生优势学习的“个性化指导手册”，指导学生在三年高中学习中持续记录自身的成长点滴，发现自我、探索自我，并不断反思和调整三年规划，促进自我管理和自主规划；同时，通过生涯导师制、免修生导师制、学长制等生涯指导制度，为学生个性化发展提供支持和引导。

4. 科研引领，优化师资——生涯规划教育的保障

（1）以教育科研推动实践。在学校实践推进教学改革的过程中，学校逐渐关注到多元智能理论、学习风格理论以及脑科学最新研究成果对于学生学习的指导价值，并通过研究提炼和实践创造，借鉴相关研究成果，提出并立项了“好学力行，促进学生优势发展的行动研究”课题，后续又立项了市级重点课题“‘个别化课程制’高中教学与实施的探索性研究”。在这些研究项目的引领下，学校积极推动开展高中生涯辅导和心理健康教育工作。在分析学生个性特质的基础上，构建学生生涯发展指导的组织框

架、管理体系、操作系统和辅助支援体系等，全面推进学校生涯发展指导工作的开展。

（2）提升生涯教育师资水平。在开展高中生生涯发展辅导的过程中，学校逐渐形成专业的生涯发展指导队伍，其中包括生涯辅导教师（以心理辅导教师为主）、任课教师（以班主任和免修生导师为主），联合家长和社会的力量，借助家委会、社区、校友等资源，开展丰富多彩的生涯体验活动，形成生涯教育的校内外一体化格局。

为了加强对队伍成员的专业培训，学校通过外请或输出的方式，积极向外寻求资源和思路。学校生涯辅导教师不断提升自身专业水平，参加各类培训，提升自身生涯发展指导水平和能力；学校积极鼓励班主任、免修生导师参加心理咨询师及生涯发展指导相关培训；促进班主任培训课程系列化，加强班主任队伍建设；通过家长学校、家长沙龙等机制，加强家长的生涯指导意识；完善学长制和同伴辅导员制，借助学生同辈辅导的力量开展生涯发展指导。

延伸阅读

助力学生优势发展的免修导师制

为了鼓励学有余力的学生发挥自身优势超前学习、拓展学习和深度学习，学校推出必修课程免修制和导师制，学生在学期结束时，可以申请新学期课程免修，经测评达到一定标准的学生可获得免修资格。获取免修资格的学生可以享有不上课和不做作业的权利，同时通过双向选择，可跨学科或跨年级确定导师。每学期免修生和导师定期会面，共同商讨本学期的学习计划和生涯规划，免修生可以针对免修学科进行本阶段内容的提高或拓展学习，也可以继续免修学科后一阶段学习内容，还可以在导师的指导下自主计划和安排学习其他内容。导师将从学科学习、生涯发展、身心健康等各方面对免修生进行指导。这一举措旨在更好地培养学生的学习兴趣，激发学习潜能，释放学生的时间和空间，为学生自主安排学习进程、发挥自身优势学习提供更多选择和更多可能。该举措作为一种荣誉制度，建立了相应的激励机制，充分调动了学生主动学习的积极性，激发了学生的学习内驱力和学习热情。

主要启示

1. 学校要厘清生涯教育和心理健康教育的关系

个体在生涯规划的过程中实现心理健康，心理健康继而影响生涯规划的整个过程，两者在个体身上构成循环和整合，相互依存、相互促进。因此，学校中的生涯规划教育与心理健康教育是相互包含、互为促进的。当前，很多学校的生涯教育工作都交由学校心理部门承担，这一方向诚然是合适的，但生涯教育工作不能只有心理教师参与，需要学校围绕本校整体的育人目标、办学理念、教学特色综合开展，整合学校内外各方资源，充分利用家长、校友、社区等多方力量，从制度上保障，在人员上有配备，在课程和活动平台上有支持，才能将生涯规划教育更好地融入学生发展的各个阶段和领域。

2. 学校要促进学生全面而富有个性地发展

在生涯教育过程中，在促进学生人格发展的基础上，尊重学生的个性化发展需求、促进学生优势学习是生涯教育的重点。学校不仅要为学生提供发现自身兴趣、初步探究自身志趣的工具、平台和机会，更要为学生提供发展和建立自身志趣为未来发展奠基的各类生涯体验的资源，保障学生个性发展的时间和空间，给予学生多元的评价维度，这样才能真正促进学生全面而富有个性地发展，为未来幸福人生奠基。

多维支持　全面实施　系统培养

——山东省烟台市构建多维一体心育支持系统

情况概述

山东省烟台市教育科学研究院基于全市中小学心理健康教育状况，申请了“中小学心理健康教育的内容、途径方法的研究”并成功立项为山东省教育科学“十五”规划课题。随后，烟台市正式启动了全市推动中小学心理健康教育模式，在学生学习心理、生活心理、自我意识、情绪调适、人际交往和升学就业等方面进行了全方位的心理关注、心理辅导，构建起了政策、师资、课程、教材等多维一体的心理健康教育支持系统，为培养学生心理健康素养起到了积极作用。截至目前，先后有 1 所学校被评为全国中小学心理健康教育特色学校，3 所学校被评为山东省中小学心理健康教育特色学校，32 所学校被评为烟台市中小学心理健康教育特色学校。

多维一体的心理健康教育支持系统是烟台市教育局从心理健康教育政策保障、专业师资队伍、课程设置、校本教材、家校合作、社会实践等多个维度，全面实施心理健康教育的心育模式，为面对社会竞争压力日增、心理困扰不断的中小学生，提供系统化的心理健康教育支持，进而为培养德智体美劳全面发展的社会主义建设者和接班人输入了强有力的健康心理动力。

主要做法

1. 强化顶层设计

早在2004年12月，烟台市就出台了《关于进一步加强中小学心理健康教育的意见》，从机构设置、人员落实、师资培训、目标内容、实施途径等方面对全面推进全市中小学（含职高）心理健康教育工作作出明确规定。随后，在对县市区的督导考核中，把心理健康教育课程设置、师资配备、心理咨询室开设等情况纳入指标范围，一分一厘地对基层心理健康教育情况进行考核。

随着经济社会快速发展，儿童青少年心理行为问题发生率逐渐上升，已成为关系国家和民族未来的重要公共卫生问题。烟台市坚持问题导向，对全市心理健康教育工作进行了反思，聚焦心理健康教育现状调研，发现存在课程开发随意性较大，教材内容专业化、科学化、体系化不够等一系列问题，制约了心理健康教育效能的发挥。在此基础上，烟台市教育局出台了《关于进一步加强全市中小学生心理健康教育工作的指导意见》，为全市中小学心理健康教育、学生心理健康素养培养提供了政策依据。

2. 搭建团队平台

通过人才引进、招聘考录、持证上岗、名师培养、骨干带动等一系列举措选贤任能，强化团队建设。目前，烟台市考取国家二级、三级心理咨询师证的教师1028名，先后有40多人入选省、市心理健康教育指导骨干教师团队。团队运作实行换届制，一届三年，每届聘请50名具有先进理念、丰富实践经验的一线教师担任全市中小学心理健康教育兼职教研员，指导教师开发心理健康教育课程，上好每一节心理健康教育课。据统计，全市已有数十名从事心理健康教育的教师被评为烟台名师或入选烟台名师建设工程。这不仅让教师们对心理健康教育这门学科产生了更多的归属感和认同感，同时也在全市范围内形成了一个统一的先合力再发力的新局面。

3. 搭建课题平台

烟台市教育科学研究院积 20 年之力，先后开展了“中小学心理健康教育的内容、途径方法的研究”“区域内推进中小学心理健康教育的理论与实践”“区域内中小学心理健康教育问题及对策研究”“构建区域心理健康教育课程体系的理论与实践研究”等 4 个省级教育规划课题研究，引领全市中小学心理健康教育教师的课题研究方向。此外，研究院又围绕心理健康教育学科核心素养和学生心理健康核心素养，集中立项了“城区小学心理健康课堂教学评价指标的实践研究”“基于核心素养的心理健康教育项目化学习实践研究”等 27 项烟台市教育科学“十四五”规划课堂教学改革心理健康教育专项课题，打造具有烟台特色、服务师生成长的心理健康教育课程体系，让教师们从课程研究的角度提高专业素养、提升专业水平。

4. 搭建实践平台

先通过骨干培训与全员培训相结合，通识培训与教育教学技能培训相结合，自主培训与外出培训相结合，常规培训与专题研究相结合，骨干教师引领与教师自主学习相结合，让心理健康教育专兼职教师在培训中得到专业成长、实现专业发展。再采取优秀教学设计、优质课和优质课程资源评选等多种渠道助推教师的专业成长。截至 2021 年底，全市已经多主题、多批次地轮训专兼职心育教师 3600 多名，累计评选出心理健康教育优秀教学设计 1296 节，中小学心理健康教育优质课 620 节，中小学心理微课 303 节。这些优秀的教学资源经过理论淬炼、实践打磨，为一线心理健康教育教师教育教学实践提供了指导。

5. 搭建课程平台

烟台市教育局要求中小学校充分利用地方课程或学校课程开设心理健康教育课。其中，义务教育学段保证间周至少 1 课时，高中学段保证每学期不少于 8 课时，每月至少有 1 次年级以上的教研活动，每学期至少有两次年级或校级的公开课或观摩课。各级各类学校要规范开设心理健康教育课程，做到课程、课表、课时、辅导教师、学生反馈“五公开”，保证质量。在此基础上，烟台市教科院组织各县市区，将积极心理学引入心理健康教育课程建构、心理健康教材编写，于 2012 年独自编著《心理健康教育》1—5 年级教材；2013 年、2019 年和 2020 年，研究院承担山东省教科院组织的《心理健康》教材的编写工作，负责小学三年级和五年级全一册、高中二年级的全册审稿和编写，分别由山东画报社、山东教育出版社出版。

延伸阅读

什么是积极心理健康教育课程

积极心理健康教育课程是基于积极心理学视域，按照课程论的思维框架，指导教师运用心理辅导、心理咨询等理论与方法，根据学生身心发展特点和成长规律，以推动学生追求人生幸福为中心，对学生心理素养通过课程施加积极影响，引导学生获得积极心理体验，培养学生的积极心理品质，促进学生心理健康、心灵成长。具体包括积极心理健康教育学科课程、活动课程、环境课程、融合型课程。

（1）积极心理健康教育的学科课程。这一类课程是从学科课程的视角，把积极心理健康教育纳入学校学科教学或者课程实施整体视角，在课程表中明确标示。

（2）积极心理健康教育的活动课程。这一类课程是基于心理健康教育课程特点，以活动为轴心进行的，追求的并非活动本身，而是借助活动来丰富学生的积极心理体验，以“训练”或“体验”为主题词。

（3）积极心理健康教育的环境课程。这一类课程是基于环境育人功能，使积极心理健康教育顺利实施，有效地作用于学生，由学校构建的积极的校园组织系统，以“陶冶”为主题词，属于隐性课程。

（4）积极心理健康教育的融合型课程。这一类课程是基于各学科课程都蕴有心理健康教育课程因子，都对培养学生心理健康素养具有积极作用，在兼顾自身课程的知识与技能，过程与方法，情感、态度与价值观目标下，拓展课程视野，在学科课程实施中同步实现积极心理品质的培育和提升，以“渗透”为主题词。需要注意的是，学科课程的建构者、实施者必须对学科课程中的心理健康教育资源进行积极建构，否则融合型课程很难达到预期目标。

主要启示

1. 中小学心理健康教育仅仅依靠学校是不够的

无论是专门师资还是课题引领，抑或团队支持、平台建设，都离不开各级主管部门心理健康教育政策的支持，只有这样才能够保证心理健康概念、术语和内容的准确性，以及心理健康教育方法、途径和实施的可行性、实效性。

2. 中小学心理健康教育是一个复杂的系统

在推进中小学心理健康教育的过程中必须务实求真，把“没有健康的心理，很难形成良好的品德”的观点一以贯之地贯彻到校园的每个角落，把发展性、全面性、差异性、活动性等原则落实到心理健康教育的每个环节，让学生在真实的活动和体验中主动成长和发展。

以“互联网+”和大数据搭建区域心理平台

——山东省荣成市利用新技术助推中小学心育发展的探索

情况概述

荣成市中小学心理健康教育工作自2000年起步，不断探索，并借助“互联网+”和大数据的优势，于2013年3月，自主开发构建了荣成市学校心理健康教育工作电子档案管理系统。这套电子档案管理系统对于学校来说，维护方便，学校开展的心育工作可随时按类别上传保存，档案形式灵活，文字、图片皆可，解决了纸质档案占用空间大、人力资源占用多、维护成本高、管理效能低下的弊端，实现了可量化、可比较、可追踪和可分析，为全市学校心理健康教育工作的深入和精准开展注入能量。

对学生心理健康状况的测评，全市各学校主要经历了三个发展时期：第一阶段，纸质问卷测评，手工统计分析；第二阶段，学校自己购买单机或网络测评软件，自主测评自行统计分析；第三阶段，县域统一购买配备心理测评系统，统一测评，整合分析测评结果。自2018年全市各学校统一配备心理测评系统后，每学年教研部门指导学校对全体学生进行心理健康状况测评。自此，在“互联网+”和大数据的助力下，荣成市不断提高心理档案建设的水平和利用率，助推全市中小学心理健康教育快速发展。

主要做法

1. 综合测评，统一建立学生个人档案

荣成市中小学生心理健康状况测评起步较早，前期形成了大量纸质学生心理档案，但难以在实际工作中很好地发挥其预测和指导作用。2018年，县域统一建设心理档案平台，及时、全面地了解全市中小学生的心理健康状况，根据学生的不同心理健康状况开展有针对性的心理健康教育，促进学生健康成长。全市学生心理档案平台可以分为学生信息系统、心理测评系统、心理咨询系统、心理危机干预系统，每个系统都是相互关联的。每学年开学初，市教体局均通过平台向学校发布测评通知，学校组织学生在规定时间内在学校机房或手机端进行心理测评，测评结果自动保存至个人心理健康档案。全市中小学生实现了全员统一测评并整合分析测评结果。每名在校学生的心理发展测评档案都会在平台完整保留，心理教师可以根据工作需要进行调阅，档案保存至高中毕业后5年，客观记录学生从6岁至23岁成长关键期的心理发展原始档案数据。

2. 动态施策，发挥心理档案最大效用

统一的测评软件和评估标准、县域内的集中测评和统计、可回溯的心理发展档案，为全市学校的宏观管理提供了决策依据和大数据支持，为学生的身心健康发展提供了动态的监测手段。

（1）发现共性问题集中解决。2018年第一次对全市中小学生统一测评分析后发现，大多数学生的心理问题源于学习，据此荣成市将学习心理辅导列为心理课程资源开发的重点，主要从学生的学习需要出发，开发了一系列学习心理课程内容，目前已累积学习心理课程资源1300多个，有效指导学生学习。每年9月至10月，对初一、高一新生进行SCL-90症状自评，测查学生中可能存在的心理障碍及其严重程度，发现共性问题集

中解决。

（2）筛查同质学生分层辅导。结合学生的心理档案，本着“预防为主，干预为辅”的工作原则，分层次对学生进行心理辅导。例如，在家庭教养方式问卷中发现，一所沿海乡镇学校外来务工子女接近70%，这些孩子的父母从事的行业主要是养殖、捕捞等，很少有时间监管孩子的学习与生活，这类孩子容易出现自卑、孤僻、焦虑、偏激等心理问题。针对特殊群体学生，采取社团和同质小组辅导的形式开展辅导，针对性强，效果非常明显。

（3）针对心理危机及时干预。密切关注档案平台中有心理危机的学生，实施“一对一”跟进辅导。学生可以通过手机（微信）平台直接预约心理咨询，预约后学生可完成卡特尔16/14PF、BDI等心理测评。心理教师可以查看学生测评结果并进行心理咨询或辅导，同时系统会自动生成数据统计报表，并计入平台档案。目前，借助心理档案平台中的危机干预系统，心理教师已为近千名学生提供了“一对一”心理咨询服务。

3. 疫情背景，凸显心理档案实践应用

新冠肺炎疫情期间和复学后，荣成市心理平台发挥了重要作用，有效帮助学生顺利度过了疫情时期。

（1）全面调研现状，锁定内容目标。2020年初，新冠肺炎疫情突发时期，荣成市通过平台下发心理调查问卷、开展心理测评，从情绪、认知、行为等方面了解学生的心理，通过对学生家长开展调研，了解家庭成员身心健康情况以及家长的关注点。在特殊时期，对学生心理档案进行及时有效的更新与补充，为后续有针对性地开设心理课程做好了前期准备。

（2）编织疏导网络，实现联动联防。依托心理档案平台，建立了“班级—年级—学校—全市”四级联动的学生心理疏导模式，充分发挥班主

任和心理教师的重要作用，通过日常观察、科学测评、沟通了解等方式排查出需要重点关注的学生 169 名，并逐一建档立卡，实行“一对一”跟踪辅导，主动跟进重点学生 3631 人次，维护了疫情防控期间全体师生良好的心理健康状况。

（3）综合优势互补，助力心理复位。复学后，荣成市教体局邀请心理专家为全市中小学全体学生开设“心理复位”专题讲座，并组织对全体学生进行心理投射测验，测验结果经过与前期心理档案比对，最终确定 519 名学生需要重点关注，通过心理专家入校跟进指导和学校专兼职心理教师分层辅导，确保每一名学生心灵健康成长。

延伸阅读

荣成市中小学心理咨询管理系统

2018 年，荣成市教育和体育局引进清华大学开发的云海软件系统，该系统是继单机版系统、联机版系统之后的新一代云平台系统。优势在于通过云端数据管理与测试，降低用户计算机的硬件成本，让用户在 PC 端、手机端、平板等终端设备使用，通过浏览器或微信即可轻松访问，远离安装客户端的烦恼。心海软件系统提供了一个云平台，只要能访问服务器的电脑并具有相应的权限，就可以按照系统引导进行心理测试和管理，满足上万人团体测试的需求。在测试完毕的同时就能收集到相关数据并将结果有选择性地反馈给心理辅导人员。同时，出于心理测量本身的保密要求和被试测量结果隐私保护目的，系统所有的操作都是在有权限的前提下才能进行。这些权限无论是主试参与系统管理还是被试进行心理测量、查看反馈信息以及申请测试后的进一步服务，均需要超级管理员授权。

主要启示

1. 充分利用“互联网 +”和大数据新技术

荣成市中小学心理健康教育工作在荣成市委、市政府的大力支持下，工作起步较早，基础相对扎实，经过 20 多年的发展、积淀，形成了一套科学化、系统化的发展模式。尤其是近年来，在“互联网 +”和大数据信息技术的快速发展和广泛应用的大背景之下，学校心理健康教育走在时代前列，借助科技的力量，助推区域心理健康教育的良性发展。

2. 区域内统一检测，发现共性问题利于科学筛查

在区域范围内组织学生进行统一心理检测，便于教师发现学生存在的共性问题，科学筛查问题学生。同时，统一的测评软件和评估标准，便于对数据进行整合分析，利于发现共性问题和问题发展趋向，为全面规划区域心理健康教育工作提供科学依据。

3. 通过区域系统平台推动心理健康教育的科学化、体系化、实效化、常态化

荣成市立足本地实际，大胆探索，经自主开发和专项引进，构建了区域心理平台，探索出了一条以区域推进为中心，以平台建设和使用为两翼的发展之路，实现了心理健康教育科学化、体系化、实效化、常态化的持续发展模式，为区域心理健康教育工作建设提供了可供参考、学习的范例和样本。

用心传递阳光　建构心育生态

——四川省成都市石室天府中学的“K12”心育实践

情况概述

四川省成都市石室天府中学于2011年创建，是由成都高新区管委会与石室中学联合创建的一所“高起点、高标准、高品质”的十二年一贯制公办学校。

在“愿为每一个孩子的人生幸福奠基”的育人愿景指引下，学校立足实际情况，积极创造建构能够滋养每一个孩子的学校心育生态，力图让心理健康教育融合到学生学习、生活的每一个细节之中，成为学校运转、学生成长的“底色”。通过不断的探索，学校建立了“三维五助一核心”的心育工作模式，搭建了让每一个孩子都得以与彼此相联结，相互看见、相互滋养的心育生态系统。

主要做法

生态系统指在自然界的一定时空内，生物与环境构成的统一整体，在这个统一整体中，生物与环境之间相互影响、相互制约，形成相对稳定的动态平衡。生态系统中的各生物群落在这样的良性互动中，既收获、也付出，在循环和流动中得到了适宜而长足的发展。相应地，十二年一贯制学校的心育工作，也不应等于小学、初中和高中心育工作的简单累加。通过有意识地设计一套学校心育生态系统，将不同学段的孩子有机地整合、联结在一起，形成一个彼此依靠、相互帮助的整体，让每个学段的孩子都能够在其中付出和收获，健康发展，最终实现学校心育生态系统 1+1+1 ＞ 3 的目标。

1. 建构“三维”心理危机预警网络体系，奠定学校心育生态系统的基石

学生心理危机事件是学校心育工作的底线。近年来，校园危机事件呈明显的上升趋势，在后疫情时代，校园心理危机预防、预警和干预工作更是成为学校心育工作的重点和难点。

石室天府中学积极建构并完善了以班级为点，以年级为线，以学校为面的“点—线—面”三维心理危机预警网络体系。该体系以学校领导及学生心理危机干预及预防工作小组为一级网络，各年级为二级网络，各班级为三级网络，通过各级网络专人负责，定期向上一级网络报告情况，学生心理危机干预及预防工作小组接收其上报的有关信息，整理和评估危机的严重程度，选择心理危机干预方案进行处理。同时，学生心理危机干预及预防工作小组会根据校园时下情况，组织特定的学生心理健康教育活动，或是班主任、教师、班级心理委员的培训等。同时，班主任老师、值周老师和生活老师等密切观察，以定期检查、随时反馈的方式作为三维心理危机预警网络体系的补充，力求在第一时间掌握危机信号，预防危机于未然。

2. 创建“五助”心育模式，搭起学校心育生态系统的雏形

马克思曾说：“人是社会关系的总和。”每个人都无法脱离其身处的各种社会关系而存在，良好的社会支持系统是学生心理健康发展的保护性因素。因此，石室天府中学创建了家庭支助、学生自助、同伴互助、教师辅

助、社会援助的“五助”心育模式，以期给每一个孩子搭建坚实而温暖的支持系统。

（1）家庭支助

学生的心理健康深深植根于家庭，为了开展家庭层面的心育工作，学校积极使用天府大讲堂、家长课堂、家长会等平台，开展针对家长的心理健康教育。在此基础之上，学校针对有特别需求的家庭，利用每周五下午的时间开展亲子教育沙龙活动，力图为家庭提供个性化的帮助，让家庭成为学生心理健康发展的支柱。

（2）学生自助

“助人自助”是心育工作的基本思路，心育工作者期望通过提高孩子的独立性和自主性，以能够在日后遇到类似的生活挫折和困难时，可以独立自主地加以解决。学生自助的理念贯穿于心理健康教育课程、心理团体辅导和心理咨询等常规工作之中。

（3）同伴互助

朋辈群体能够直接影响孩子的认知、行为、情绪甚至是精神追求，尤其是对于进入青春期后的学生，朋辈群体的影响力可能远高于师长。也因此，来自朋辈群体的帮助，往往可以更直接地走进孩子内心。学校为此在各学段初期，都安排了2课时的课程帮助学生在关键时期结交朋友，得到同伴支持。

（4）教师辅助

除了学校德育线领导及干事、班主任和心理教师，学校的每一位教师、职工也是学校心育工作的践行者。面对处于心理困境中的孩子，每一个任课教师都要发挥其辅助作用，成为孩子克服困难、实现成长的助力。

（5）社会援助

面对超越学校心理工作范畴的心理问题，学校积极为孩子、为家庭打通了获取社会资源的渠道。“家校医社”四结合，护航中小学生心理健康。

3. 以幸福教育为核心，发挥学校心育生态系统的力量

石室天府中学的心育工作将积极心理学作为理论指导，以幸福教育为核心，力求让学生接受幸福的教育，让教师享受教育的幸福，让学校在幸福中提升价值，深度发挥心育力量。基于理论的思考和实践的反思，学校将幸福教育落实为彼此的联结以及积极关系的建构：通过课程和活动将小学一年级到高中三年级 12 个年级联动起来，采用“心理健康 +”的思路，让心育成为弥漫在学校各项活动中的阳光。

学校以“联结”为关键词研发、编写了四套心育课程：针对小学段，与家庭和成长过往相联结的生命教育主题课程；针对初中段、青春期，与身边人相连接的人际关系主题课程；针对高中段，与未来生活、未来世界相联结的生涯规划主题课程；针对毕业年级，与自我相联结的备考心理主题课程。总的来说，四套课程希望帮助学生与过去和未来联结、与他人和自我联结。

与课程相呼应，学校设计并实施了联结 12 个年级的特色心育活动：高中年级明星学长、明星学姐的真人图书馆为初中和小学的学弟学妹开放；初中的哥哥姐姐为小学学生谈自己的“经验教训”；小学一年级的弟弟妹妹给高三学长分享他们眼中的高考……通过一系列创新活动，创设一个流动的、有生命力的学校心育生态系统，让其间的每一个孩子彼此联结、彼此滋养。

除了学校心理健康教育活动中心、学生发展指导中心牵头的工作，心理健康教育作为学校各项工作开展的基本理念和方法，也全面地渗透在了每一个细节之中：升旗仪式上的班级展示，是增强班级凝聚力、归属感的心育活动；“原来是 ta 呀！——老师的漫画像”是增进师生关系的心育活动；“文翁化蜀，韵赏传承——2021 石室天府新春庙会”是增强文化认同的心育活动；“四天学子化身法官，为《宪法》代言”是生涯规划的心育活动等等，心理健康教育全面融合在学校的各项活动中。

延伸阅读

学校心育生态系统的由来

生态学研究指出，在自然界中，生命的生存和发展从来不是彼此孤立，而是相互依存的。文化进化论学者斯图尔特最早提出了文化生态的理论，他借用生态系统来说明文化的形成以及发展的机制。上述研究深刻地启发了学校心育工作，如果学生走进校园变成为孤立的学习单元，那么无论他学习多少知识、接受多少心理辅导，他都难以健康成长。建构学校心育生态系统是心育之道，而十二年一贯制学校在这一点上有着得天独厚的条件。

幸福教育、联结与学校心育生态系统

东西方哲学和心理学对幸福的讨论有不同的侧重。积极心理学指出，幸福并不是一个可以被追求取得的具体目标，而是表现为目标既达的某种附带现象。从马斯洛需要层次理论的角度理解，这种幸福感的获得可以被称为自我实现的过程。而在中国传统文化中，提及人生幸福我们首先会想到儒家所述的君臣、父子、夫妇、兄弟、朋友的五伦关系。这两者的差异，可以说是个体主义和集体主义看待幸福的不同视角。

学校心理健康教育工作是立足本土文化的工作。即便西方思想自近代以来就影响着中国，但对于当代学生而言，幸福仍是一个无法与意义感、与五伦关系割裂的话题。同时，来自西方的积极心理学，也将人际关系、利他行为、责任与合作等主题纳入了研究范畴。可以说，幸福无法脱离联接，幸福教育要求学校心育生态系统的建构。

主要启示

1. 建构学校心育生态系统，让生命在联结中相互滋养

石室天府中学以学校心育生态系统的视角建构、开展心育工作，不拘泥于细微处，从更高位审视、思考、设计，让校园中的“每一颗心”流动起来，相互看见、彼此滋养，让校园布满心育的阳光。

2. 整合家校社医多方资源，将关心在系统中聚成合力

通过建构“三维五助一核心”的心育工作模式，家庭支助、学生自助、同伴互助、教师辅助、社会援助，整合家校社医形成合力，突破心育工作到学生心理健康发展的“最后一公里”。

3. 促进心育渗入各项活动，让学校在幸福中提升价值

不将心育独立于校园各项活动，而是采用“心理健康 +”的思路，坚持以幸福教育为核心，用心育的理念指导学校各项工作及活动，为每一个孩子的人生幸福奠基。

二、理念与方法

好问　善思　敢为　求真

——华东师范大学第一附属中学研究型学生的人格培养

情况概述

华东师范大学第一附属中学是上海市首批市重点高中和市示范性实验性高中之一，于1987年开始开展学校心理健康教育工作，是上海市开展心理健康教育工作较早的学校之一。学校第一任校长、著名教育家、心理学家廖世承先生曾提出“积极研究、勇于尝试、艰苦卓绝”的办学思想，学校秉持这一思想，逐渐形成了“培养研究型学生、造就研究型教师、建设研究型学校文化”的办学理念，提出了以“研究型学生人格培养”为核心的心理健康教育特色。

研究型学生人格培养主要包括四个方面：好问、善思、敢为、求真。“好问”指有发现问题的意识，“善思”指有处理问题的思维方式，“敢为”指有解决问题的能力，“求真”指有应对问题的正确价值观。

学校通过研究型心理短课程、心理团体辅导、心理社团、班会生涯短课、实践体验与研究性课题等形式在学生中广泛开展心理健康教育工作；通过学科渗透、培养研究型教师、开展家长学校等建立研究型学生人格培养的保障体系，最终帮助学生成为一个具有“好问、善思、敢为、求真”等研究型人格特点的人，促进学生拥有健康积极的生活态度。

主要做法

1. 好问——丰富心理短课程，培养学生发现问题的意识

学校通过“改变心理学的经典研究”这门心理短课程，重点培养学生思考每项实验研究中的实验方法设计思路，以及实验结果的讨论和可改进之处，引导学生产生自己的思考，提出问题，并能针对问题提出假设，然后设计科学实验来验证，在此过程中提升学生的创新素养和探究素养，提高学生的学习动机和学习情绪，激发学生发现问题的意识，从而培养学生“好问”的人格特点。“改变心理学的经典研究”心理短课程课时安排：第一课时，走近心理学实验；第二课时，情绪化的艾尔伯特；第三课时，罗森塔尔效应；第四课时，记忆的重构与解释；第五课时，爱的发现；第六课时，社会态度与行为的关系；第七课时，你的心理学实验。

2. 善思——拓展团体辅导与社团活动的视角，培养学生处理问题的思维方式

学校以多元智能发展为视角，开设的团体心理辅导包括：学生领导力心理团体（内省智能和人际智能）、“价值与情绪”沙盘制作团体（空间智能、肢体运动智能、内省智能）、表达性音乐人际团体（音乐智能、人际智能）、人际沟通团体。这些团体辅导帮助学生积极思考，觉察自身的智能优势，从而让学生有更多的内省思考，培养学生处理问题的优势思维方式。

学校依托心理社团的开展引领其他社团的发展。每年12月，心理社团会结合学生社团节，开展定向心理解谜活动。学校的校园心理定向解谜活动主要包括：2017——“寻找医药公司的秘密”，解谜过程涉及很多推理活动；2018——“追梦之旅”，活动涉及对自我特征的探索；2019——“寻找人类本心”，活动涉及合作创造与联想思维。在这些活动的设计与开展过程中，学生推理与演绎、分析与综合、抽象与概括、思辨与批判等研究

型思维方式得到锻炼，“善思”的特点得到培养。

3. 敢为——鼓励学生投入实践研究，培养学生解决问题的能力

学校结合教育教学实际组织学生在学校提供的各种项目中找到自己感兴趣的研究方向，形成研究性课题，并在研究过程中找到自己专业发展方向。学校鼓励学生敢于尝试，敢于作为，培养学生解决问题的能力。

在高一开展“大学初探项目”，学校组织学生到华东师范大学、上海交通大学等高校访学。在大学专业的体验中，学校全力促进学生用更科学的方式对自己倾向的专业和该专业的前沿研究去做更深入的参与和研究。很多学生在这个过程中对自己的专业方向有了更清晰的认识，在研究性课题实施的过程中提升了解决问题的能力。

在高二开展“深研职业项目”，心理中心与学科教师合作，开发任务单，辅助学生对职业进行研究，从观察研究别人如何解决问题，到敢于自己解决问题，形成自己的研究性课题，鼓励学生大胆假设、小心求证，培养自己“敢为”的特点。

4. 求真——个别辅导与班团队会相结合，树立应对问题的正确价值观

学校关注学生经历的生涯过程，为每人建立生涯档案，包括学习成绩、实践活动、社会体验等，根据学生生涯档案，由专兼职心理咨询师团队为学生提供个性化的生涯辅导；学校还开展生涯辅导班会，由专职心理教师和班主任集体备课，形成与心理课程互补系列班会。通过这些举措，学校帮助学生了解生涯过程中出现的各类发展性问题，从个体和集体的角度，引导学生发现真正的自我，看到真实需求，培养不断求真的人格特点，为自己生涯发展奠定正确的价值观。

与心理课程相互补的生涯辅导班团队会课主要由四个主题构成，主

题一：了解社会职业。主要内容是明白职业的意义、分类，分析职业的特征及其对人的核心能力的要求。主题二：了解受教育程度与未来职业的关系。主要内容是认识到学习与工作之间的关系；认识自己受教育程度对未来人生和社会的影响。主题三：学会选择和确定人生目标。主要内容是学会确定学习目标，包括近期目标和长远目标。主题四：制订行动计划。主要内容是学会制订为实现职业理想和学习理想的成长计划，包含能力和素养的提升；在成长过程中不断调整，最终形成相对稳定的个性化学习、成长计划。

延伸阅读

人格及其特征

人格是指个体在对人、对事、对己等方面的社会适应中行为上的内部倾向性和心理特征。表现为能力、气质、性格、需要、动机、兴趣、理想、价值观和体质等方面的整合，是具有动力一致性和连续性的自我，是个体在社会化过程中形成的独特的心身组织。整体性、稳定性、独特性和社会性是人格的基本特征。

“好问、善思、敢为、求真”这四个研究型学生的人格特征，是该校在多位专家的指导下提出的，兼顾了内部倾向性和心理特征，整合了能力、价值观、动机理想、兴趣等多个因素。

主要启示

1. 多层级教师团队确保研究型人格培养的心育特色开展

心理健康教育如果只由一两个心理教师来开展是很难有效果的。该校为确保特色心育顺利开展，成立了三级教师团队。一级是班主任团队，在研究型学生人格培养的第一线培养学生“好问、善思、敢为、求真”的人格特点；二级教师团队是学科教师团队，运用各种心理学理论在学科上做拓展，促进学生人格发展；三级团队是由四名专职心理教师形成的专业团队，为班主任和学科教师提供专业支持。学校三层级的教师团队既有点面结合，也有校内校外结合，构成了一张以研究型人格培养为特色的心理健康教育立体网络，确保该校心理健康教育工作的顺利开展。

2. 多学科共育为研究型学生的人格培养提供保障

学生人格培养是需要各个学科共同参与的，该校积极组织全校各学科教师学习研究认知心理学和教育心理学的相关理论，设计并实践校本课程和教育活动，形成了“以各个学科设计学科特色的校本课程和实践活动方案为延伸”的研究型学生人格培养架构，如，政治学科教师开发“思政学科学生认知结构特征的实证研究”校本课程，培养学生“善思——处理问题的思维方式”的特点；数学教师开发“重视价值引导，落实核心素养学习”校本课程，培养学生“求真——应对问题的正确价值观”的人格特点。多学科教师对心理学的学习和运用，为研究型学生的人格培养提供了多学科共同培育的保障。

3. 多部门融合有助于提升学校心理健康教育成效

学校心理健康教育工作的开展需要得到学生处、教导处、总务处、校办等各个部门的协调和配合，比如，与学生处的工作融合，开展生涯价值、生命价值教育等；与教导处工作融合，开展教育心理学的运用等。通过各部门协同合作与融合，提升整个学校领导层面的意识，从学科逻辑转变到心理逻辑，从整体规划到具体落实，使学校心理健康教育的实效性得到提升。

以“成长五个一”浸润学生心灵

——浙江省海盐高级中学校园育心工程的实践与成效

情况概述

针对高中阶段学生出现的学习压力大、情绪不稳、人际冲突等问题，以及个别学生出现的抑郁、焦虑等症状，浙江省海盐高级中学提出了指向学生群体心理健康教育的校园文化建设项目——“成长五个一”育心工程，即学生在三年高中就读期间，“读一百本好书”“品一百首名曲”“评一百条时政新闻”“知一百个心理故事”“晓一百个大学专业”（下面简称“五个一”，“一百”是泛指，主要是三年内持续的学习与引导），通过浸润式、常态化体验与学习，打造一个跨越文学、艺术、政治、心理、社会学等多领域的校园心理健康教育体系，让学生不断汲取“心”力量，缓解心理压力，明晰未来方向，促进心理健康成长。

学校随机选取2017级300名学生，进行了从高一入学到高三毕业的样本跟踪调查，从调查问卷及学生的日常表现来看，“成长五个一”育心工程成效显著，学生在平时的学习生活和各类群体性活动中表现出积极健康的良好风貌。

“成长五个一”育心工程，与我国现阶段提倡的以发展性心理健康教育模式为主的宗旨一致，相信随着实践经验的积累，它对学校心理健康教育的作用会越来越明显。

主要做法

1. 关注学生需求“关键点”，构建“成长五个一”育心体系

学校通过观察、问卷、访谈等方式发现，高中生在学习之余喜欢读小说、听音乐，关注时政网评，渴望生涯规划指导，愿意倾听故事而不是枯燥的说教等。针对学生实际需求，学校提出了三年内完成“五个一”育人目标，构建“以优秀作品引领人，以经典音乐熏陶人，以时政评论点拨人，以心理故事疏导人，以专业规划发展人”的系统化育心体系。

2. 关注科学实施“落脚点”，探寻“成长五个一”育心策略

实践证明，“育心”不是字面文字的传达、知识的灌输，而是注重学生心理体验、激发学生内驱力的过程。“成长五个一”育心工程，就是以领域化、体验式、多样性的方式，层层推进，形成有规划、有抓手、有亮点的学校心理健康教育大格局。

(1) 以“听”切入，为学生提供“独处”的静心时间。“成长五个一”育心工程为学生创造安静的“独处”时间，让学生在安静的倾听中得到情感的共鸣与支持。

具体实施：以午间校园广播的形式，从周一到周五，组织学生分别收听“读好书”“品名曲”“评时政”“知心理”“晓专业”五个板块内容。学校着眼于高中生心理健康发展实际，组建由心理、语文、音乐、思政等骨干教师组成的专业团队，精心准备广播内容，由学生广播员进行广播，同时跟进检查考评等相关管理措施，确保“听”的落实。

(2) 以“写”驱动，为学生提供自我对话的澄清途径。“写”使人能够在比较冷静的心理条件下梳理思路，有利于更加理性和客观地了解自我，澄清自我认知，缓解情绪，让心情敞亮起来。

具体措施：由心理专兼职教师负责，每周组织各班学生开展相应板块

“写”的活动。以“读好书”板块为例，根据学生所“听”的内容——《告别玻璃心的十三件事》，请学生结合小说的内容，围绕“如何看待内心的恐惧”写一写，让学生通过“写心声”的方式，直面内心的负面情绪，并找到属于自己的克服恐惧的方法。活动中，允许学生采用书面撰写、音频录制或者绘画表达等多种形式，并配有相应的奖励机制，激发学生表达的积极性。

（3）以“分享交流”推进，为学生提供朋辈互助的暖心环境。“把你的快乐说出来，你的快乐会增加一倍；把你的痛苦说出来，你的痛苦会减少一半”。真诚分享交流，使心理处于开放状态，有利于学生之间思想互通，情感共鸣，彼此相惜，互相温暖。

具体措施：心理专兼职教师每月组织开展心理团体辅导，让学生就自己的所听、所写、所感真诚分享交流。例如，就学生的人际交往困惑，心理教师首先进行心理建设，营造宽松的氛围，然后引导学生结合最近收听的小说、音乐、心理故事、生涯规划或时政评论等，谈谈自己的感受，最后给予指导性的建议或意见。学生在朋辈互助的暖心环境中，获得情感和策略支持。

（4）以“实践体验”锤炼，为学生提供自我实现的育心平台。“成长五个一”育心工程，注重发挥大型活动的载体作用，推动全校学生积极参与，在体验中锤炼自己的心理素质，获得自我实现的愉悦感。

具体措施：学校每学期组织开展“明德杯”征文、“音乐浸润心灵”名曲推介、“时政引领价值观”论坛、“心理故事分享会”和“生涯规划大赛”等活动，为学生搭建自我实现的平台，使学生在“成长五个一”熏陶学习中滋生的潜能得以发挥，进一步促使学生关注自我、悦纳自我、适应环境，做情绪的主人，积极乐观地生活学习。

3. 关注规范管理“着力点”，凸显“成长五个一”育心实效

学校成立“成长五个一”育心工程领导小组，校长任组长，下设策划、

审核、保障、实施、管理五个小组，由学生处具体负责，专兼职心理教师、班主任、任课教师及学生自我管理团队分工合作，以课程为支撑，以活动为载体，以考核评价机制推动，师生共同参与，系统、规范推进，凸显心育实效。

延伸阅读

“成长五个一”育心工程所依据的心理学理论基础

读一百本好书——读书疗法。1848 年就有心理学家提出“读书疗法”，指出读书能对人产生潜移默化的心理影响。某位学生在《偷影子的人》读后感中写道：“它不是一个说教者，从未试图向你传达某种道理。但是你却在读的过程中感受到了亲情、爱情和友情的力量！这大概就是为什么大家说这本书有‘治愈’功能吧。”

品一百首名曲——音乐疗法。早在两千多年前，我国古代的《乐记》就认为，音乐不仅能和谐生活、修身养性，还可以调节精神、有益健康。18 世纪起欧美各国已开始研究音乐心理治疗，认为音乐对人的心理有疗愈作用。某位学生表示：“‘声入人心’主题曲《光之心》，曾经在一个初冬抑郁的中午重新点亮我心中的希望。”

知一百个心理故事——故事疗法。叙事心理治疗认为，人类可以通过建构故事和倾听他人的故事来处理经验。心理故事板块广受学生喜爱，学生在这些故事中对照自我，认识自我，寻求突破，找到希望。

晓一百个大学专业——生涯发展理论。根据舒伯的生涯发展理论，中学生正处于生涯规划的成长期和探索期。专业介绍板块指向学生生涯规划，将学业规划和今后发展联系起来，使学生在学习目标的引航下，有效缓解学习迷茫问题，激发学生发展内驱力。

评一百条时政新闻——价值观教育。高中生的心理困扰原因之一是价值观还未成熟，而时政述评的魂就是价值观。教师选取贴近生活、影响较大的社会现象或人物作为素材，以鲜活的事例澄清道理，拨开事件背后的价值观念，润物无声地进行价值观教育，学生在述与评的过程中，逐渐把它内化为自觉的价值追求。

主要启示

1. 形成“全科式”育心

高中生的心理困惑往往是复杂交织的，而不是单一存在的。“成长五个一”育心工程，就像是全科“医疗”，从文学、艺术、政治、心理、社会学等多领域给学生提供心理营养，综合性地干预、处理学生常见的心理问题与困惑。

2. 实施“浸润式”育心

高中生正处于心理不断发展和变化的时期，需要教育者持续不间断地关注与指导。“成长五个一”育心工程，通过让学生在校期间三年如一日地接受熏陶，浸润心灵，促进学生不断进行心理调整、建设。

3. 促进“内省式”育心

“成长五个一”育心工程不是直接指出学生存在的心理问题，而是通过营造学生“精神成长”的家园，引导学生在不断内省中正确认识自己，疏导自己的心理问题，校正自己的行为偏差，从而提升自己的心理素质。

做幸福生活的创造者

——江苏省徐州经济技术开发区高级中学积极探索学校幸福教育

情况概述

江苏省徐州经济技术开发区高级中学是江苏省四星级普通高中，江苏省第二批心理健康示范校。近年来，学校确立了“做幸福生活的创造者，共享完美人生”的办学理念，并于2016年成功申报江苏省优秀课程基地“幸福教育”课程基地。围绕积极心理健康教育校本课程的建设打造基地特色。

该校学生的入学成绩位于徐州市所有考生的第二梯队，以农村户籍学生居多。学校经过心理测评，综合分析学生入学时的心理健康状况，发现学生中普遍存在如下问题：一是自我认识不够全面，自我评价呈片面性倾向；二是学习的主动性、自觉性一般，自我时间管理能力偏弱；三是部分家庭亲子关系紧张，亲子之间信任感较弱；四是与同龄人交往存在一些认知误区，缺乏交往技巧和策略。基于生情，学校致力于打造“幸福教育”。“幸福教育”是一种在教育场域中，引领学生通过自身梯度成长，感知幸福的意义、获得并创造幸福，最终达到“高品质”状态的教育。“幸福教育”通过营造和谐的学习环境，构建“以学生为中心”的“教”与“学”模式，建立启发式师生关系，最终达到使学生高效地获得知识技能，使教师快速地获得专业成长。

主要做法

1. 加强师资团队心理理论的学习

组建科研核心团队，邀请专家为教师开出读书目录，定期开展阅读交流，撰写读书报告和课程研究论文。迄今，通过举办读书沙龙，教师们阅读了《幸福教育》《课程理论》《教育实践》《积极心理学》《团体心理辅导》等论著共30余册，撰写了30余篇论文、报告。通过研究文献，结合本校教育哲学提炼高品质幸福教育文化理念，从而进行学校幸福教育顶层设计。

2. 推进幸福教育课程体系的完善与落实

学校打造具有时代性、基础性和选择性的高品质课程。课程开发以“幸福教育”为导向，严格按照江苏省教育厅文件科学合理地开发校本社团课程，形成国家、学校、地方三级课程管理体系，坚持以学校学情为基础，为学生的全面发展和个性发展服务；注重吸收清华大学、苏州大学等高校的优秀教育资源，尽量使教材体现学校的办学特色，体现学校对教育的基本理解，体现学校未来发展与追求目标。结合办学理念和育人目标，对国家课程进行解构和重构，将课程进行结构化，有效整合后，形成科学合理的课程体系。已经形成并正在实施的课程体系中包括生涯规划课程、积极心理课程、阳光体育课程、社会实践课程“五自”活动课程、多元学习课程六大课程群，让师生于课程的教和学中，在目标实现中成就幸福，在良好的心态中感受幸福，在强健体魄上保障幸福，在参与合作中分享幸福，在自主发展中体验幸福，在学会与会学中收获幸福，在自身不断成长过程中实现“自我实现”“自我超越”，最终达到“高品质”状态。让教师在专业发展中收获幸福感和获得感，培养“自信、自律、自强、自知、自治”的“五自”的学生群体，锚定“立德树人”的培养目标，助力学生成才之前先成人。

每个课程群中又包含基础类课程、拓展类课程、研究类课程，师生在教与学过程中可以获得有梯度的能力提升。其中基础类课程的创造性实施主要是对学科课程知识的整合，结合学校的生源情况、学生学习的特点，逐步形成适合生情、校情的实施策略，以此切实减轻学生负担，提高教学质量。拓展类课程旨在满足学生的兴趣与个性需求，全面提升学生的素养，为学生的特长发展和未来专业化发展奠定基础，让学生有选择地学习，查缺补漏和加深延伸，促进学生有个性地发展。研究类课程面向部分具备兴趣特长、具有学术潜质的学生，教师通过提供方法指导和课程资源，为特色拔尖学生搭建成长平台，提升他们的科研能力和创新能力。这些课程主要依托学科教学开展，体现学科特点，提高学生学科素养，培养学生终身学习的理念、方法和能力，促进学生健全人格的形成和个性健康发展。

3. 促进空间布局的优化与整合

改造积极心理学研究办公室、咨询室、音乐放松训练室、情绪宣泄室、团体沙盘室、心理测评室，按照清华大学心理学系的积极心态实验室建设标准，建设“幸福心态”实验室。翻新艺术教室、“光影舞台”、社团活动教室等活动室，增添相应的器械，丰富相应功能室的功能。增购设备，完善已建成的“演播室”，为校电视台提升设备水平。完善生涯规划指导中心建设，包括“全息生涯规划教育模式”、“全息生涯工作室”、微信平台、生涯规划网络课程、网络视频职业体验平台。

延伸阅读

大心理健康教育观

观念决定方法策略，大心理健康教育观强调心理健康教育应重点围绕两大命题展开，一是适应环境的能力，二是指向终生的生涯规划。一线心理教师应遵循整体性和发展性的原则科学合理安排课程体系、活动组织设计；整个学校的制度建设、思想建设，是提供大心理健康教育观落地的坚实基础。具体表现在，立足我国的现实国情，尊重文化传统，融合德育、思政教育的力量，多途径、宽领域地渗透心理健康教育观，重视与国际新理念接轨，发挥朋辈辅导、微信公众号资源、心理辅助仪器等的作用，培养学生自尊、自信、乐观、勇敢等积极心理品质，充分发挥学校对家庭、社区的辐射作用，培养整体积极向上的社会心态。

积极心理健康教育与幸福教育

积极心理健康教育以积极心理健康为理论基础，通过积极心理治疗的实践发展，从而形成以积极和发展为取向，有目的、有计划地增进学生和国民心理健康的理论和实践体系。幸福教育是新时代积极心理健康教育发展的必然趋势。幸福教育的核心是发现、发挥人的优势，为构建德智体美劳全面发展的教育体系、形成更高水平的人才培养体系提供新的思路、开辟新的途径。

主要启示

1. 凝心聚力护航心育工作实施

学校心理健康教育是学生积极心理养成、奠定幸福人生的重要保障。

在学校开展心理健康教育是一个系统性的工程，需要有制度保障、物资保障、师资力量等。

2. 与时俱进深析校情学情内涵

立足校情、寻找支撑，同时开发符合时代主题、顺应时代潮流的工作体系，推动心理健康教育由外延式发展向内涵式发展，提高自我更新的主动性，搭上学校发展的快车，通过课题研究、实践，让心理健康教育工作真正落地、落实。

3. 坚心守志常态开展心理教研

稳定的师资是开展学校工作的保障。心理健康教育工作的开展需要有一支具备理论、技术、实践经验的队伍，形成教研组，教师们彼此学习、探讨工作。由教研组长牵头，常态化开展心理课教研、个体辅导督导、读书分享报告会，并纳入学校整体工作规划内，给予专兼职心理教师一定考核奖励，体现心理健康教育工作的价值与地位，从而持续推动学校心育工作实现可持续、高质量发展。

全心守护　暖心陪伴

——北京市怀柔区疫情期间开展校园心理关爱活动

情况概述

新冠肺炎疫情暴发后，人们原本的生活节奏被打乱，学生、家长、教师都面临着新的挑战。学生苦恼：无法与教师、同学直接交流，无法外出，学习方式不适应，茫然无措。教师困惑：隔着屏幕怎样掌握学生思想、学习、心理的真实状况？怎样协调自身繁忙的工作与日常生活？家长焦虑：第一次长时间、近距离、全天候陪伴孩子，面对孩子暴露出来的心理问题、行为问题，该如何引导？学生、家长、教师的心理压力在不知不觉中增大，无助感越来越明显。

面对这一现状，北京市怀柔区教科研中心启动了“全心守护　暖心陪伴”——新冠肺炎疫情下的校园心理关爱活动。一节节心理微课、一封封暖人书信、一个个温馨视频通过“阳光心理驿站”、心理热线、“向日葵心启点”公众号等形式，面向学生、家长、教师，介绍心理健康知识、心理减压方法，指导处理情绪、人际交往等问题。复课后又开展了区、校两级学生、教师心理团体辅导活动，对学生、教师进行生命教育。

主要做法

1. 关注学生心理，团体辅导与个体辅导结合

（1）开通咨询热线，提供专业心理支持。疫情给学生的学习和生活带来巨大变化，在时间管理、亲子沟通、学习状态等方面，一些学生面临挑战甚至心理危机。怀柔区教科研中心德育室第一时间（2020年2月8日）开通了咨询热线，招募、遴选了12名具有国家二级心理咨询师资质的心理教师，每天安排专人负责接听咨询热线。为保证心理教师接听热线的专业性，心理教研员多次组织线上培训、业务交流等活动，为有困惑的学生、家长提供专业的心理支持与精神抚慰。截至2020年7月中旬，已为285位拨打咨询热线的学生、家长、教师和社会人士提供专业帮助。

（2）开发心理网课，引导学生身心和谐发展。怀柔教科研中心充分考虑疫情期间学生学习环境的变化，根据学段特点和学生实际，构建网络在线教学新模式。骨干心理教师彭玉华、程义兴、彭金华、杨娜分别录制并在市、区级平台播出了“心理‘防疫’，我们在成长”“珍惜拥有，珍爱生命”“我和手机有个约定”“研究研究我的老妈”心理健康教育网课。通过网络课程，普及防疫知识，解答学生面对疫情的心理困惑，引导学生从积极心理学视角，珍惜拥有、珍爱生命；引导学生学会自控，合理使用手机，增强自主学习能力；引导学生理解家长、感恩家长，掌握亲子沟通的有效方法。其中，彭玉华老师的心理网课被“国家中小学网络云平台”采用。此外，怀柔教科研中心还承担了北京市教科院德育研究中心组织的“北京市中小学空中课堂德育主题活动课”的录制工作，指导老师曹雪花录制的“做雷锋式的好少年”主题班会课在“学习强国”平台播放。网络课程丰富了学生的认知，拓宽了学生的视野，学生在教师引领下获得智力和心理的共同成长。

（3）创办心理公众号，普及心理健康知识。为及时、高效地开展疫情期间的心理健康教育工作，怀柔教科研中心德育室创办了“向日葵心启点”

微信公众号，以微文、信件、视频、音频等多种形式向广大师生和家长朋友推送有关心理保健、亲子沟通、学习策略、积极适应、备战中高考等方面的心理科普知识。公众号还针对大家集中反映的心理困惑，设计了“陈姐姐问答”栏目，由区心理咨询师通过文字或视频答疑解惑。学校还根据学生“停课不停学”期间的心理状态和行为表现，组织教师录制心理微课，指导学生调节情绪、丰富生活、自律自控、高效学习。疫情期间，公众号成为怀柔区教育系统开展心理健康教育工作的主阵地。

2. 关注教师心理，心理疏导与心理建设双修

教师在疫情期间承担了繁重的工作任务，承受了极大的心理压力，关爱教师心理健康至关重要。怀柔区教科研中心连线北京市教育学院伍芳辉副教授、林雅芳老师为教师们送上缓解压力、情绪调节的方法。以怀柔区“紫禁杯”班主任工作室为依托，开展线上研讨活动，班主任们切磋线上班级管理方法，相互倾诉压力，相互鼓劲加油。中心发挥心理教师的作用，培训教师心理减压方法，进行教师心理小调研，提供线上心理辅导。开展丰富多彩的教师心理关爱活动，包括三八妇女节送温暖活动、教师厨艺大赛、书画大赛等活动。

3. 关注家长心理，辅导学生与指导家长并重

亲子关系紧张是疫情下暴露出来的普遍问题。关注亲子关系，架起亲子沟通桥梁，是家校共育工作的关键。怀柔教科研中心召开家校协同教育论坛，研讨疫情期间教育策略，形成家校教育合力。组织教师录制家庭教育微课，指导家长学会沟通、化解矛盾、融洽关系。借力专家资源，邀请赵澜波副研究员以“生命教育与亲子沟通”为主题线上与家长深度交流。此外，中心还向家长送出了心理关爱小贴士，帮助家长减压。对矛盾冲突的双方同时发力，辅导学生与指导家长并重，有效化解了亲子冲突，实现家长与孩子共同成长。

延伸阅读

疫情对学生的心理影响有多大

随着疫情的发展，人们会出现不同程度的不良情绪和心理。疫情对学生的心理影响：60%的学生很快就能适应；30%的学生会受到一些冲击，家长和教师要耐心陪伴。5%的学生属于持续受损状态，要及时识别，进行心理关怀。5%的学生属于延迟受损，不能立刻表现出来或是不善表达。也就是说，大约10%的学生需要重点排查，给予干预和指导。

主要启示

1. 要建立健全心理危机干预协同机制

疫情突如其来，教育行政部门及时制定科学、适切的应对策略，强力、高效地推动落实是危机干预的关键。针对不同群体的不同需求，教研部门指导心理咨询师、心理教师多进行心理关爱活动是危机干预成功的专业保证。

2. 要用整体观和系统思维进行危机干预

面对疫情，学校首先想到的是消除学生的心理恐惧，但实际上，如果不缓解家长、教师的恐惧心理，会让恐惧情绪在不同群体中传播。只有对系统中的学生、家长、教师同时进行危机干预，才能真正有效化解恐惧心理。

3. 要用发展的眼光看待疫情引发的心理危机

教育要直面疫情，要看到疫情中有“危”有“机”，“危”中有“机”。“机”

即教育的契机，学生成长的契机，是学生提高学习和生活能力、增强自律性、培养积极心理品质的时机。同时，加强对教师、家长的心理关爱与引导，有助于他们实施科学的教育行为，进而促进青少年健康心理、健全人格塑造和良好社会适应能力的形成。

“六育同构”让心育落地生根

——黑龙江省哈尔滨市第四十七中学以“六育”促学生全面发展

情况概述

黑龙江省哈尔滨市第四十七中学校创办于1965年，是黑龙江省标准化优秀学校，学校拥有和兴路校区、职工医学院校区、鲁商分校和清华分校四个校区。

学校坚持贯彻落实国家“五育”教育方针，确立了“让每一名孩子都得到全面发展”的办学目标，坚持“全人教育彰显个性”的特色办学思想，不断发展和创新学校的办学理念。随着教育新时代的到来，关注学生心理健康发展的心育实践研究已成为当今教育的重要课题。对此，学校在实践中逐步形成了以“全人教育”为育人方向、丰厚学生“彰显个性”的全方面为特色、促进学生“德智体美劳心”健康成长的“六育同构课程赋能”的办学理念，即一同构建“德智体美劳心”六育课程体系，赋予学生全方位发展的技能与能力，全面提高学生的核心素养。

“六育同构课程赋能”这一办学理念确立后，学校将心育提到了与“德智体美劳”相同的位置重视与构建，主要表现在，实施“凸显心育”“一课一室”“三环机制”的育人策略，使学生各方面都得到了全面发展，尤其在心理健康教育方面成效显著。学校将

“六育”课程体系一同建设，使心育在学校落地生根，丰富了学校“全人教育”办学思想的内涵，促进学生身心和谐可持续发展，提升了学生的综合素养，为他们健康成长和幸福生活奠定了坚实的基础。

主要做法

1.“凸显心育”，为学生全面发展赋能

“五育并举”作为我国的教育方针，为学生的全面发展指明了方向。但是在新时代背景下，心理健康教育不可或缺。为此，学校将心育与“五育”并举以凸显心育的重要性，并扎实开展好心育工作，不仅让学生德智体美劳全面发展，更让学生有健康的心理，以适应各种环境的变化，应对各种挑战，经受各种挫折的磨炼，继而培养学生的积极心理品质，挖掘学生的心理潜能，促进学生身心健康、全面发展。

2.“一课一室”，将心育课程化施教给学生

（1）一套心育课程体系。在校本课程开发上，学校创建了一套心理健康教育课程体系，包含了十门心理健康教育课程：积极心理团体辅导课程、生涯规划探索课程、学习力指导课程、考前放松训练课程、注意力训练课程、表达性艺术治疗课程、亲子沟通课程、沙盘游戏团体辅导课程、心海扬帆志愿者服务课程和心灵驿站课程，使得学校心育系统而完善，扎实而有效。此外，为了使心育形式更加多样，学校还建立了学生心理社团和“心灵驿站”学生广播站。

（2）一个心育工作室。学校建立了“姜华心育工作室”，充分发挥工作室的示范、引领、辐射作用，创建以主持人引领、专业教师助力、全体德育工作者参与的心育教育闭环管理系统，让心育落地生根、开花结果。

姜华是该校心理健康教育骨干教师，学校以“姜华心育工作室”为辐射，通过专业教师互动研修、科任教师心理健康教育培训、青年教师心理成长工作坊等形式，普及心理健康教育常识，提升教师职业幸福感，明确全部教职工都是心理健康教育工作的参与者，共同致力于维护学生的心理健康水平。

3.“三环机制”，使心育工作开展形成合力

学校层面的“六育同构”是指教师层面的课程引领和家长层面的理性育儿，由此形成了心理健康教育的“三环机制”，使心育工作更好地落到实处。学校在开展心育工作中，还注重发挥家长的作用，积极向家长传递亲子沟通技巧，帮助家长了解学生身心发展特点，掌握科学智慧的育子方法等，提高家长育人的责任和能力，从而和学校一起，全面构建起学生心理健康发展的平台与环境。

延伸阅读

学生心理健康教育为什么越来越重要

心理健康问题是当今社会较为普遍的社会问题，尤其学生的心理健康教育已成为教育的一大重点内容，学生不但要身体健康，更要心理健康，要成为一个全面发展的人首先心理要健康，培养健康的身体与培养健康的心理同等重要。学校的任务就是要充分发挥心理健康教育的预防功能和发展性功能，而不是要等到学生有了心理问题、心理障碍、心理疾病才开始关注，才去进行教育和疏导。心理健康教育要根据学生的身心发展特点、所处的环境与阶段、需要具备的能力与方法、可能会面对的问题与困惑等，有计划、分阶段地开展心理健康教育工作。

学校心理健康教育不是一项独立的教育活动，而是一项系统的教育工

程，其有效实施依赖于学校各项教育教学管理活动的有机结合，其中，构建心育课程体系是对学生进行心理健康教育的一项重要途径。

主要启示

1.“六育同构”与“五育并举”深度融合

“全人教育”就是面对全体学生，全过程地关注学生的全面发展，关注学生知、情、意、行的全面协调发展，贯彻和实践国家“五育并举”的教育方针。学校把德智体美劳心“六育同构”，将心育有机地融入“五育”之中，丰富了“全人教育”的内涵，使“全人教育”从平面的设计走到了内核的深入，更加立体化，为培养中国学生核心素养和全面发展的建设者打下了坚实的基础。

2. 建立“一规划二适应三积极”的心育模式

学校要引导学生树立生涯规划意识，确立早期规划职业发展目标；适应中学阶段的学习环境和学习要求，适应生活和社会的各种变化，着重培养应对失败和挫折的能力；加强自我认识，学会客观地评价自己；积极与教师及父母沟通，建立良好的人际关系；进行积极的情绪体验与表达，并对自己的情绪进行有效管理。在提高学生的心理素质方面，注重培养学生积极乐观、健康向上的心理品质，充分开发他们的心理潜能，促进学生身心和谐可持续发展，为他们的健康成长和幸福生活奠定基础。

3. 心育为“德智体美劳”护航

哈尔滨四十七中培养出了一批批优秀的学子，得益于学校用心育培育学生阳光乐观的心态。当前学生课业负担仍然较重，中高考的压力使他们更需心理调适。以健康的心态积极应对考试才是学生心理健康的表现。重视心理健康教育就要强化现代化的教育思想，这种思想包括心理素质在内的人的综合素养全面发展，当学生心理素质增强，就会从容应对学习中的挫折和困难。“德智体美劳心”全面发展的学生才能适应各种挑战，适应各种生存环境。正如斯宾塞说的“教育是为美好生活做准备”。学校心理健康教育就是要为学生一生幸福生活做准备。

以心育心　构建“四维三级心育体系”

——辽宁省大连经济技术开发区第十高级中学心育实效化“四个举措”

情况概述

辽宁省大连经济技术开发区第十高级中学原是一所普通高中，经过综合调查后，学生呈现出五个方面的特点：一是学生习惯养成较差，自主学习意识不强，学习能力较弱；二是学生在小学初中没有受到较多关注和重视，缺失自信；三是学生发展欲望较为强烈，发展潜力较大，可塑性较强，个性发展尚有很大空间；四是家长多为社会基层群体，家庭教育较为薄弱；五是单亲家庭较多，学生心理问题比较突出。

面对这些处于个性形成、自主发展关键时期的高三学生，如何通过适切的教育，真正促进学生的健康成长，是学校一直以来不断思考并着力突破的课题。在多年的探索实践过程中，学校初步确定了以心理教育为突破点，建设心理健康教育特色学校的发展思路，继而实施了心理辅导、心灵导师、解忧信箱、心理危机三级预警四项举措，实现了学生心理健康教育的全覆盖、实效性。

主要做法

1. 心理辅导：发挥心理健康教育中心骨干教师的专业引领作用

学校心理健康教育中心形成了“九室两厅一馆”的硬件格局，中心环境温馨，配置现代，功能齐全。学校选拔35位国家二级心理咨询师作为心理健康教育中心骨干成员，负责学生的日常心理辅导工作。通过开展个体辅导、团体辅导与行为训练、学生心理档案跟踪、高三塑优和减压心理讲座、心理辅导工作坊、团体心理沙盘与心理瑜伽放松、心理教育电影及经典心理剧赏析、心理剧展演、心理社、心育社团、心理课程构建、心理教育课堂和家长课堂、心桥文学社主题征文出刊、心理知识宣传图册展读、心理摄影图片及绘画竞赛与展示、心理健康教育知识竞赛，中考考前公益心理辅导、高三毕业签字寄语、心理教育研究会工作坊等丰富多彩的活动，培养了学生乐观的心态，塑造了学生优秀的品格，促进了学生心理的健康发展。

2. 心灵导师：实现对学生的心理关爱全覆盖

学校实行心灵导师制度。全校29个班级，每班设置一名心灵导师。心灵导师从班级的任课教师中产生，都是学校心理健康教育研究会成员，他们有一定的心理学基础，其中包括国家二级心理咨询师。心灵导师的基本任务是协助班主任做好班级学生的心理和思想工作，掌握学生的思想和心理动态及学习情况，有效进行学生的思想道德和心理品质教育，能够利用心理教育技术对学生进行心理疏导、潜能开发、学习指导，和学生一起健康成长。

具体而言，各位心灵导师要认真落实常规班级学生心理辅导工作。建立学生心理档案，及时掌握本班学生心理状态，及时对本班学生进行排查、分类、指导。建立预警学生跟踪指导，建立跟踪档案，并将预警学生名单和存在问题上报心理健康教育中心。随时和学生进行沟通、交流、指导，包括课间谈话、日常鼓励、上课提问激励等。有效开展心理健康教育活动，积极组织学生参与学校组织的心理健康教育活动，促进学生心理健康成长。除个体辅导交流外，心灵导师还要进行分类团体辅导，每学期至少组织召开两次班级心理教育主题活动。

心灵导师负责指导学生生涯发展规划。唤醒学生的生命责任感，调动学生学习的积极性，使之明确人生发展目标，以饱满的热情投身到学习生活之中。

3. 解忧信箱：让学生的心理困扰随风飘散

学校在心理教育中心设置了一个信箱，名叫“解忧信箱”。此做法受日本作家东野圭吾小说《解忧杂货店》的启发，学生可以用化名的形式将自己不愿与人说的苦恼和无以排解的心理问题以书信方式写下来，投到“解忧信箱”之中，每周都会有资深心理教师为其解惑排忧。回信教师都以一个名称——“吴悠”回信。

“解忧信箱”深受学生欢迎，学生来信有时每周 90 多封，教师一学期回复学生来信 980 多封。来信学生化名五花八门，如“恬”“独爱柠檬茶”“第五象限”“宋仲基”“落泪倾城”“凉宫春日的忧伤”“歪尾巴的小狐狸”“兔子猫在夕凉”等，还有以英文、韩文以及日文命名，十分有趣。反映的问题也是包罗万象，诸如学习问题、同伴关系、师生关系及早恋问题、焦虑情绪问题，甚至同性恋问题等。

学校通过“解忧信箱”，较为彻底地解决了学生不便言说的心理问题，促进了学生的健康成长。

4. 心理预警：将学生的心理危机于无声处化解

学校利用心理综合测评以及班主任和心灵导师沟通了解，确定心理问题较严重的学生，并对其分类处理，实施心理问题学生“轻度、中度、重度”三级管理，制定大连开发区十中学生心理危机干预三级（蓝色、黄色、红色）预警制度和包保制度，对各类预警学生制定相应的管理策略，将学生的心理危机化解于无形。

学校成立了以校长为组长、德育副校长为副组长、政教处和心理教育中心主任为成员的心理健康教育领导小组，组成了以班主任和心灵导师为骨干的工作小组，全面规划和指导学生的心理预警与危机干预工作。对蓝色预警的学生采取关爱、沟通、疏导的措施；对黄色预警的学生主要以观察、干预、防范为主；对红色预警的学生以免激、防范、通报为主。家校配合，最大限度避免异常情况发生。并对于每个学生的工作都坚守保密原则，保护好学生的隐私，同时，及时做好相关记录。

总之，学校通过心理咨询、心灵导师、“解忧信箱”、心理危机三级预警这四项举措，真正将学校心育工作落到了实处，做到了全员预防，典型干预，随机疏导，个别保护，为学生营造了健康安全的成长环境。

延伸阅读

“四个举措”的理论支撑

学校教育说到底是心育。“素质教育”“以人为本”“健全人格”“塑造优秀人才”是教育的需求，亦是心育的归宿。有效的教育、科学的教育、创新的教育是社会发展的必然要求，亦是教育发展的正确方向。可以说，心理健康教育已成为学校发展的重要依托。

大连开发区十中的心理健康教育四个举措是建立在心理学、教育学理论之上的。学校依托认知心理学理论、行为心理学理论和积极心理学理论，以及元认知心理干预技术和教育学相关理论，立足于学生成长发展的特点。认知心理学为师生的教与学提供了科学的世界观和方法论；行为心理学为师生的教与学提供了有效的途径依据；积极心理学为师生的教与学提供了向上的原动力；元认知干预技术为师生的教与学提供了智慧的自觉自理；融合心理学技术手段营造了高效和谐的心育氛围；其他心理学、教育学理论支撑了学校的心育建设。

主要启示

1. 教育就是让学生获得幸福生活

教育是培养人的事业，教育最终的目的就是让学生能够获得幸福的生活。教育的本质就是要对生命尊重与唤醒，对生命潜能拓展与开发。这就要求教育者为学生提供促其健康成长的环境，以学生为中心，真心关爱学生，想学生之所想，急学生之所急。这就要求教育者不但需要前瞻的思想，还需要摒弃自私，修养真正关爱学生的胸怀——一种教育的大胸襟。

2. 教育是心灵沟通的活动

教育是心心相印的活动，唯有从心里流出来，才会流入心灵的深处。走进学生心灵、符合心理发展规律、关注学生成长的教育才是最好的教育。作为教育主要承担者的学校，如何有效地实现这个目标？大连经济技术开发区第十高级中学立足学生健康成长的四项心理教育策略是值得借鉴的。

顶层设计解难题　多管齐下显威力

——北京师范大学万宁附属中学多措并举防控学生“疫情综合征”

情况概述

北京师范大学万宁附属中学是一所完全中学，现有初高中学生4000余人。2020年4月上旬，学校所有年级学生全部返校，受新冠肺炎疫情影响而导致的长达三个月之久的寒假生活结束了。

开学伊始，学校教师在教学中发现，班级部分学生表现出明显的心理问题——有的很难适应学校生活，要求请假回家；有的性情暴躁易怒，具有明显的攻击倾向；有的情感脆弱，整日闷闷不乐、多愁善感；有的自我封闭，整日沉默寡言；还有的学习激情近乎冰点，学习主动性几乎消失殆尽……对于学生们的问题，学校称之为“疫情综合征”。学生“疫情综合征”的出现，最初令学校领导和教师不解，但经过仔细分析后，认识到这是疫情带来的负面影响之一。对此，学校结合教育教学实际，开始探索并实施问题解决的相关办法。

面对学生出现的“疫情综合征”，北京师范大学万宁附属中学上自校长、下至一线教职员工，始终以对学生和家庭高度负责的精神，多方采取积极措施，认真加以应对。

主要做法

1. 校长：未雨绸缪传书信 开学一课话衷肠

病毒无情人有情。新冠肺炎疫情的肆虐无时无刻不在牵挂着一个人的心——这个人就是北师大万宁附属中学校长。作为一名资深校长，一位年过六旬而被学生尊称为“海哥”的“老教育人”，他在疫情初期便敏锐地感觉到疫情可能给学生造成不利影响。鉴于此，他连夜撰写了“致北京师范大学万宁附属中学全体同学的一封信”，并于2020年2月16日通过家校平台向所有学生和家长推送。在信中，他语重心长地勉励大家：“相信我们会很快重逢在美丽而温暖的校园——北京师范大学万宁附属中学！祝愿各位同学现在在家做一名‘宅男’‘宅女’，将来做一名为国作贡献的‘才男’‘才女’！”

随着疫情的持续，校长越来越感觉到问题的严重性。在“停课不停学”期间，他通过多种渠道了解学生居家学习情况。当得知学生长时间对着屏幕学习这一问题后，他立即责成学校相关部门对教师线上教学的时间和内容作出调整，大幅度减少知识性学习时间，增加学生休息、娱乐、艺术和师生沟通交流的时间。此举得到广大学生和家长的一致好评。

2020年4月上旬，全体学生返校。在返校的第二天，校长以视频直播同步进行的方式召开“2020年春季学期开学第一课”。讲话中，校长深情叮嘱同学们：珍惜健康，养成健身习惯，养成锻炼习惯，劳逸结合，科学安排时间，力争为祖国健康工作五十年。

2. 德育处：家校携手共育人主题活动暖人心

2020年3月，学校德育处组织召开毕业年级家长视频会议，告知家长在监督学生学业的同时，更要关注学生的身心健康；陪伴是最好的教育，要与自己的孩子做好亲子沟通，认真聆听孩子内心的声音，共同度过这段特殊的时光。

4月上旬返校当晚，德育处邀请当地医院专家用视频直播的方式给所有学生做了“新冠防控知识和技能培训”的专题讲座，教育学生做好个人防护，珍爱生命，并针对学生返校之后可能出现的心理健康问题，给予了针对性的方法指导。

4月下旬，德育处还对各年级组本学期的德育主题计划进行了调整和完善，将本学期德育主题聚焦到如何调节学生的情绪和缓解学生的焦虑上来。如让学生撰写观看《生命教育》视频后的感悟，各班出一期以“生命教育”为主题的黑板报，上好一堂“生命教育”主题班会课，邀请驰援武汉的医生做一场报告等。通过德育主题的调整，促进学生早日战胜“疫情综合征”。

3. 心理咨询中心：暖心课上话你我　健康月里促成长

开学前，心理咨询中心每天及时向家长和学生推送有关情绪调整的心理微课，同时免费开通心理咨询热线，确保每位学生能健康平安地度过居家学习的日子。

学生返校初，心理咨询中心向全校班主任推送了心理健康教育主题课件，帮助学生从主动适应、正向思维、增强自信、良好沟通、寻求帮助等五个方面进行自我心理复位和疏导。

5月初，心理咨询中心及时开展学校第四届“心战‘疫’　心成长”主题心理健康月活动。活动内容丰富，范围涵盖所有年级。例如，高一年级开展“我运动　我快乐　我健康”篮球比赛；初三、高三年级进行“我的情绪我做主”专题心理辅导讲座。活动的开展，旨在使学生在疫情之下能够遇见生命的美好，绽放青春的笑容。经过一个多月细致深入的工作，开学初期学生表现出来的“疫情综合征”得到了明显改善。

延伸阅读

疫情期间特殊教学制度的影响

2020 年初，面对突如其来的新冠肺炎疫情，举国上下众志成城，打了一场艰苦卓绝的疫情阻击战。这其中就包括教育系统在全国范围内开展的“停课不停学”线上教学活动。由于疫情来得太突然，在广大师生几乎没有经过培训的情况下，“线上教学”就“闯入”了师生的学习生活。面对这样一种全新的教学（学习）方式，不少教师和学生一时间显得不知所措。在长达两个月之久的线上教学活动之中，学生几乎是在电脑和手机的屏幕前度过的。如此周而复始、单调乏味的生活，势必给学生造成较大的心理影响。在此情况下，学校制定紧急预案尤为重要，北师大万宁附中早发现、早预案、早解决的做法将疫情带来的负面影响降到最低。

主要启示

1. 落实立德树人根本任务，培养全面发展时代新人

北京师范大学万宁附属中学应对学生“疫情综合征”的举措，展现出了该校发展的核心理念：落实立德树人根本任务，培养全面发展时代新人。在竞争激烈的教育生态环境下，该校“不走寻常路”，始终将学生的身心健康作为学校工作的中心。在这一中心的指引下，全校上下形成了浓郁的“以生为本”的育人氛围。学生身心健康需要什么，学校的制度安排就优先考虑什么。正如学校校长所说：“没有身心的健康，哪来成绩的优异；没有身心的健康，优异的成绩又有何用?!”朴实的语言体现出的是博大的教育情怀，这一情怀与北师大基础教育合作办学平台“人 · 爱 · 创新”的核心价值以及学校“全人教育”的育人理念是高度契合的。

2. 一把手主持顶层设计，多部门参与齐抓共管

面对学生中间出现的“疫情综合征”，学校办公室的宣传引领、德育处的柔性管控、教务处精心的教学衔接、总务处的周到服务，部门之间团结协作，在短时间内便取得了抗击“疫情综合征”的重大阶段性胜利。同时校长身先士卒，与全校师生共进退；高瞻远瞩，未雨绸缪，更是取得胜利的关键因素。

3. 关注学生心理健康问题，提升心理健康教育质量

学校作为对学生进行系统教育的主阵地，在对学生进行心理健康教育方面负有不可推卸的责任，发挥着不可替代的作用。学校按照上级教育主管部门的要求开足心理健康教育课，定期对学生开展心理健康教育讲座；成立心理咨询中心，建立和完善学校心理辅导机制，本着“防疏结合、预防为主”的原则，对学生进行有针对性的、预防性的心理辅导，解决或缓解学生的各种心理困惑和心理问题。

构建育心软环境　助力学生健康成长

——黑龙江省大庆市第十九中学以心育工作促进学生全面发展

情况概述

黑龙江省大庆市第十九中学于1972年建校，是一所初级中学，现有在校生1313人。据2019年在校生情况统计，家长中高中学历占20.70%，初中和小学学历占54.38%；个体经商占46.78%，务农占7.08%，无业占17.44%；单亲、留守、隔代教养家庭占14%等。多数家庭缺少正确教育方式，学生中存在很多不良心理状态和行为习惯，如：被动、依赖；生活中攀比心理严重；自卑、退缩；人际关系紧张；缺少良好学习态度、习惯，上课溜号、作业拖拉甚至厌学等。这些问题阻碍了学生人格的健全发展和身心健康成长。

学校结合心理健康教育工作实际，针对以上问题进一步确定了“环境育心”理念，以此为依据制定整体工作规划，构建心理健康教育软环境系统，通过浸润式的潜移默化来促进学生心灵健康发展，取得了可喜的效果。学生在学习、生活中不断呈现出主动探究、积极参与、自信自强的青春状态，使校园成为学生心灵健康成长的助力平台。

在师生共同努力下，学校被评为大庆市心理健康教育基地校、黑龙江省中小学心理健康教育特色学校等。

主要做法

1. 构建工作机制蕴心软环境

学校把“环境育心”理念与目标蕴含在学校工作机制建设之中并体现其第一重要性，在行政、教学、德育、评价等方面制度的整体建设中充分考虑到有助于学生认知、情感、个性等发展的内容和措施等，由此来切实保障“环境育心”理念的落实。

2. 构建校园文化慧心软环境

学校力图构建“有温暖、有思想、会说话”的校园文化软环境，使校园里的每一堵墙、每一块草地乃至每一株花木都会“说话”，让学生在丰富感知中激发美好情感，在切身体验中萃取积极认知，在深入感悟中培养良好行为。

（1）打造门、厅、廊、墙的育心文化。首先，学校通过“我为学校门命名”大赛活动，引导学生以知、情、意、品、行等为主线为每一扇门命名，既增强了学生的归属感，也激发了学生内心的美感和价值感，使学生每一次与门相遇，都会感受到一种情感、一种精神。其次，学校设立了凝誉厅、铁人厅等，展示凝聚着十九中人奋斗光华的奖杯、奖牌以及铁人的先进事迹资料，学生能够从中感受到榜样的引领，形成勇于面对困难、坚持不懈的做事态度。再次，学校力求让每条走廊都会说话，包括书法长廊、绘画长廊、手工长廊等。学生能够与廊交流，在丰富各异的信息、作品中不断激发想象力、感受力，增强积极的情感体验。最后，学校通过“心理帮帮墙”和自助仪的融合来促进学生心灵成长。“心理帮帮墙”包括“你来问”和“我来答”两部分，师生可以匿名把自己的心理困惑或解答分别贴到“你来问”或“我来答”上面。在“心理帮帮墙”旁还配有一台心理健康自助仪，内容有图文赏析、心理游戏、影音资料等。

（2）打造树木、田园的育心文化。首先，学校开展了“我和小树一起成长”认养小树活动。活动以班级小组为单位，认养牌上写清树木名称、认养人，定期浇水、培土、除草等并记录，学生毕业后转交给下一届新生。在这一活动中，很多家长、教师欣喜地发现，一些懒散、冷漠、爱惹事的学生逐渐变得有责任心、合群、主动沟通、乐于付出。其次，学校开展了“心灵田园”活动。学校在校园中开辟了一块“心灵田园”，学生可以在“心灵田园”栽种花草、蔬菜，在陪伴植物生长的过程中获得情感体验、认知行为的积极变化。小 S 是来自农村的进城务工子女，入学时考试成绩差，被爸爸责骂，导致长期处于沮丧、抑郁状态，认为自己很笨，与同学交往很少。心理教师了解小 S 的情况后，陪伴她来到“心灵田园”，指导她种下了一棵向日葵并记录生长情况。经过一学期，小 S 变得开朗、自信起来，学习成绩显著提高。

3. 构建语言润心软环境

师生之间的语言互动是影响学生心灵成长的重要因素，可以通过挖掘语言、副语言（语气、语调、肢体语言等）的心理功能来形成温暖和谐、有益学生人格健全发展的软环境。具体做法如下：首先，认真开展学习与实践活动。师生通过听讲座学习语言、副语言的作用及运用方法，同时，通过心育课、教研等活动提高师生积极运用语言、副语言的能力。其次，通过情景回放进行反思提升。情景回放就是在班会、心育课、教师教研等活动中播放师生在学习、生活中的视频，师生真实感受自己和他人的语言、副语言状态，从而不断反思和完善。再次，进行读书分享活动。学校非常重视读书对语言软环境建设的重要作用，定期举办师生读书报告会，交流读书心得体会，既让师生认识到语言、副语言的重要性，又提高了运用语言、副语言的熟练程度。

4. 构建大课间汇心软环境

学校针对独生子女居多、青春期逆反等实际情况，把团体心理辅导活动与大课间融合起来，形成新的活动形式——心理大课间。多年来，学校持续开展了“坐地起”“滚滚向前”等富有趣味性的心理大课间活动，师生不断协力共同开发新的团体游戏，在活动中呈现出人人踊跃参与的场面，发展了学生勇敢、宽容、合作等积极心理品质，有力促进了学生身心健康发展。

延伸阅读

为什么校园软环境能够影响学生的心灵成长?

联合国教科文组织明确指出，儿童所处的成长环境会影响他们的心理以及社会行为。根据唤醒理论及生态理论，校园软环境对学生的心灵成长具有重要作用，主要包括工作机制、制度规则、文化氛围等。学校可以根据心理健康教育目标来创造环境、赋予环境意义，依据知、情、意、个性等心理要素充分连接环境与人之间的情感，发挥环境对学生潜移默化的心理影响作用。其中，语言软环境心理促进意义不容忽视。据调查研究，一个人向外界传达完整的信息，语言其实只占 7%，声调占 38%，而 55% 的信息都是由副语言来传达的，副语言包括面部表情、语速语气、肢体语言等。师生通过提高积极运用副语言的水平，有助于增加正性心理感受，形成合理认知与行为。由此，通过校园软环境系统的建设能够对学生知、情、意、行及个性品质产生积极影响。

主要启示

1. 增强对校园心理软环境生态系统重视的程度

从现实来看，由于校园心理软环境的重要性、影响力是缓慢呈现的，容易被人忽视，并且软环境难以量化，即使开展很多工作也难以立刻看到效果，因此往往被忽视。但是，校园心理软环境具有无形地弥漫、传播等特点，能够实现润物细无声的效果，可复制、可持续，对学生心理健康发展的影响力非常大，需要获得越来越多的关注和重视。

2. 进一步探索校园心理软环境生态系统建设的有效途径

在探索校园心理软环境建设过程中，通过对实际问题的不断反思和应对，会发现学校还有更多的资源可开发可利用，如体育馆、餐厅、草坪、小路等；还有更丰富的因素可以作为开发软环境的依据，如有效连接具体环境和感知觉、想象、情绪情感、性格等心理因素。

3. 提升校园心理软环境生态系统建设的全员意识

由于校园心理软环境生态系统所涵盖的空间范围和时间范围都很广泛，其实施者更是涉及全体教职员工。所以，提升全员意识、实现全员参与是有效建设校园心理软环境系生态系统的坚实保障，需要学校进一步通过相关工作来落实。

生涯导航　尚理成事

——上海理工大学附属中学基于工程素养培育的生涯发展指导

情况概述

上海理工大学附属中学创办于1957年，2019年3月被评为上海市特色普通高中。自2010年起，学校以课题为引领，通过参与华东师范大学普通高中研究所承接的教育部国家课题“普通高中学生发展指导”（一期、二期），建立起以生涯发展指导为基础，以生活技能指导与学业指导为两翼的学生发展指导体系。在创建上海市特色普通高中的过程中，学校总结梳理并继续加强深化与上海理工大学的合作，建立起“生涯导航，尚理成事”的心理健康教育品牌特色项目，将生涯辅导与学校特色相结合，与日常工作相结合，在多层面渗透生涯发展指导理念，打造具有工程素养特色的心理健康教育品牌。

主要做法

1. 课题引领，建设生涯发展指导体系

（1）培养目标与内容。学校生涯发展指导项目的目标是帮助学生增强

对于自我与外部世界的认识，掌握决策技巧，制定适合自己的教育规划，并通过不断实践与调整，提升生涯发展的自信心与适应力。项目对于学生发展的培养目标依照生涯规划的流程及能力培养的层次从高一到高三依次为“知己知彼规划上理”“承上启下崇文尚理”“善决力行成才顺理”，帮助学生经历从了解自己与外部世界到决策与实践的循环过程，提升综合发展能力，取得生涯发展过程中的成功。

（2）指导活动。在指导形式上，学校以辅导课程与评估服务为基础，以主题活动与个体服务为纽带，以信息服务为补充，针对团体与个体开展具有针对性的指导。（见表 1）

表 1　上海理工大学附属中学生涯指导项目内容

指导项目	具体内容
辅导课程	学生课程：含班级辅导课程、团体辅导活动、学科渗透、社团活动等 家长教育：家长讲座及团体辅导活动 教师培训：校内教师培训活动
主题活动	职业与专业巡礼；工程创意漂流
个体服务	个体咨询：为需要的教师、学生、家长提供咨询服务 个体研讨会议：为需要的学生提供家长、教师、咨询师在内的联席会议商讨、协调达成的共识
信息服务	生涯星空室：为师生及家长提供丰富多样的生涯信息
评估服务	测验实施：实施相关测验，建立学生档案

（3）人力资源建设。学校建立起一支以校内骨干教师为主体，以家长、高校、校友、社区等校外资源库为支持系统的工作团队，为学生提供专业而丰富的服务。

2. 依托大学，探索生涯发展指导实践

（1）制度建设：共建共管机制。历经 17 年与上海理工大学的合作，学校建立了多元主体参与的“四合一”（上海理工大学、杨浦区人民政府、

杨浦区教育局、上理工附中）共管共建管理机制。从制度上保证了学校与高校合作的稳定性、规范性与持续性。双方在学生生涯发展指导领域的深度合作正是以此为基础才能卓有成效地开展起来。

（2）教育教学：课程与活动。附中与大学的合作在辅导课程与主题活动方面为学生提供了多层次的生涯发展指导。

工程素养专项课程。生涯教育不仅需要指导学生加强对于自我与世界的认识，更需要为学生提供生涯体验与实践的氛围与机会。大学为附中带课题、带经费、带人员，帮助学校形成了工程素养培育的良好环境。大学组织学科领军人才在附中开设“工程素养培育通识导论课程”；组织相关学院支持附中工程素养特色课程群建设；面向附中学生开放所有的通识课程；与附中共同建立“创新人才培养直通车”；吸纳和组织附中学生参与大学生“创新创业大作业”等。

主题活动。作为学校的品牌特色活动，职业与专业巡礼活动已走入了第十一年。在活动中，学生走入洋山深水港、雀巢饮用水有限公司、上海电视台等企事业单位，以及同济大学、上海理工大学等高校，并将所见所闻和所思所想与全校学生进行分享。从第一季23名高校辅导员入校辅导到第八季大学生入校园分享生命故事、第九季高中生访谈大学院士，学校得到了高校的鼎力支持。在另一项附中品牌志愿者活动“工程创意漂流”中，上海理工大学的学生每年都参与到附中高中生实践项目带队、爱心暑托班课程教学等工作中，帮助高中生在体验活动中思考生涯规划，收获生涯发展。

（3）平台建设：全面对接院系。高校不仅组织“未来光学”“智能制造”“医疗器械与康复工程”三大国际实验室指导与附属中学创新实验室建立互通关系，还组织马克思主义学院、协同创新研究院、沪江国际教育学院、大学生领导力研究与训练中心四个部门与附属中学厚德人文中心、尚理实验中心、艺体教育中心、学生发展指导（心理健康教育）中心构建对口合作关系，指导中心建设。高校心理健康教育中心亦与附属中学构建起长期稳定的合作关系，通过每月例会制度，加强在课程、活动与师资培养方面的协作。

（4）资源共享：开放功能场馆。大学向附属中学所有师生开放运动场、图书馆等文体资源；向附属中学学生开放工程实训中心、学生活动中心和各学科实验室；向附属中学教师开放大型教学科学仪器设备预约使用。每位附中学生都会到工程实训中心开展12个半天的工程实训，真正在体验中获得知识与技能，了解工程师与工程师职业，思考自己的生涯发展。

3. 春风化雨，生涯发展理念融入日常

学校生涯发展指导工作注重落实于日常，融于日常。除学科融入外，学校还注重将生涯发展指导理念融入各级各类活动之中。

（1）理念更新，与学校传统活动相结合。从军训、学农等实践活动到尚理四节（艺术节、读书节等）中均有生涯发展理念与辅导形式的融入与渗透。例如，在军训、学农活动后的班级点评中融入班级心理辅导的形式，善用解说帮助学生把经验转化为学习成果；在读书节中开展采用叙事理念设计“以一本书介绍自己”的演讲活动，在科技节中开展以社团为单位探索未来梦想的活动等。

（2）升级活动，与社会实践相结合。面对新高考改革中的社会实践要求，学校引导学生在活动中不只是完成志愿者学分的要求，而是在积极实践中探索自己的生涯发展。在活动前，学生通过职业巡礼活动，从高年级学长学姐的经验中了解社会实践的要求、各活动场馆的工作内容、在选择中的决策智慧以及如何通过活动获得职业体验，还在社工组织的培训下，增进团队合作与沟通技能、问题解决技能，加强对于自我生涯发展的反思，再将经验传递给下一届的学弟学妹们。

（3）开发“导师制”，与学习小组相结合。学校基于已有的学习小组经验来推进新的导师制工作方案，实施多样化的学习小组指导模式，不加重教师负担，更凸显辅导效果。

学科学习小组指导：班级学科学习小组由学科教师担任导师，参与小组活动并给予小组成员学习以及心理方面的引导。

研究性课题小组指导：高一、高二学生研究性课题小组的活动结合导师制工作。

各类学生社团指导：人文、科技、艺体等各类社团活动结合导师制工作。

特殊学生个别辅导：学科学习薄弱、心理异常或特殊家庭学生的个别辅导结合导师制工作。

延伸阅读

生涯教育要培养什么样的人?

生涯教育需要开启个体化学习的进程，需要响应新课改从“知识中心”向“能力中心”的转变，需要培养“应对和创造未来”的人才。青少年应该作为主导者，去创造和管理自己的生涯出路。

我国高中生涯教育近10年来发展迅猛，面对时代的进步与发展，学校的生涯发展指导不能只停留于单一模仿国外及我国港澳台地区的经验上，这要求学校不仅要提升理论水平，了解更多前沿的生涯发展理论，也需要回归“传道授业解惑”的角色定位，对本学校实际进行深入的研究，开展有针对性的实践，真正促进学生的健康成长。

主要启示

1. 与学校特色工作相结合

“工程素养培育”既有利于发挥学校原有特色的优势，又有利于在未来发展中达成资源整合，多维度多层次地推进学生生涯发展。

2. 与学校日常工作相结合

在进行学生生涯发展指导工作中，一方面要通过更新理念，优化学校原有育人工作体系；一方面将生涯发展指导落在实处，长效管理，形成可持续开展的学校经验。

3. 与学校工作相结合要不断创新

学校要强化创新意识，将心育工作与其他工作相结合要不断探索创新，积极借鉴其他学校好经验、好做法，不断取得新成效。

绽放和谐之花　奠基幸福之路

——北京第二外国语学院附中开展积极心育应对疫情

情况概述

北京第二外国语学院附属中学（下文简称“二外附中”）是一所公办的十二年一体化学校，学生2600余人，教师250余人。学校先后被评为朝阳区心理健康教育特色校、北京市学区融合资源中心、朝阳区第一批“积极乐观”课程示范校。学校坚持“以人为本”的育人理念，在“承载希望、构筑幸福、奠基人生”办学理念的引领下。

在学校大生态观的引导下，探索出适合本校积极心理健康教育工作发展的“心”理念——“四个和谐”（与自我和谐、与他人和谐、与社会和谐、与自然和谐）：师生学会与自我和谐相处，认识自我，调节情绪，规划人生；学会与他人和谐相处，有效沟通、高效合作；学会与社会和谐相处，在社会发展变化较快的今天，更好地认识环境变化，积极地适应环境、创新地探索环境；学会与自然和谐相处，将自我与自然很好地融合，在自然中愉悦心灵。在“四个和谐”的引领下，开发学生潜能，培养积极乐观的心理品质，提升生涯规划的意识和能力，达到具有本校特色的心理健康教育目标——做一个和谐和幸福的人。

尤其是新冠肺炎疫情暴发以来，学校心理健康教育工作结合学生特点和教育教学实际，通过家校合作、教师培训，借助丰富的资源满足学生心理需求。

主要做法

1.创新途径，多角度提升学生心理素养

（1）借助云平台，助力心发展。在疫情初期，二外附中通过微信公众平台推送“致全体二外附中人心理防护手册”，引导师生了解疫情期间可能产生的身心反应均为正常现象，指导师生做好疫情期间心理防护，并指导各类人群（如家人、亲朋好友、身处疫区或被隔离师生）做好心理调节；提供全国及学校各类公益心理支持资源，以便师生在有专业需求时有途径、有方法；链接并推送各类心理防护知识，加强师生对疫情期间出现的各类心理状况的了解；用积极的视角引导师生关注生活正面事件，用发现的眼光挖掘身边的小确幸，与学校公众号互动；指导学生学习《目标设定》《时间管理》《“疫”路同行　爱在身边——与家人友好相处》等微信公众号推文，帮助学生做好线上自主学业与生活的管理。此外，通过线上心理讲座“疫情家居情绪管理及亲子沟通”，指导学生学会与家人沟通，换位思考理解家人，调整情绪。做好学生线上心理体检及测评工作，为每位学生建立动态心理档案，充分借助心理测评结果，做好学生心理问题的预防与评估，助力学生健康成长；组织“疫成长云分享心健康”心理健康月活动，举办绘制愿望星空、“疫情无情　心灵有声”韧性故事征文、“疫起成长　梦想发芽”生涯规划等活动，引导学生用梦想启动自己的新规划。

（2）夯实课程主渠道，调整“三和”构架。在原有“三和”课程——“和心”积极乐观心理课程、“和生”生涯规划课程、“和融”特殊需求学生融合课程的基础上，为每位学生增加调节情绪、促进亲子关系、适应环境等主题，引导学生更好适应；其中“快乐启航”“再度启航”“时间管理”“我

学习的理由”“‘疫’路同行 爱在身边——与家人友好相处”“请注意，你的注意力‘溜号’了”“特别的‘黑点’”等课程录制成网络资源，供全校学生学习；研发线上、线下“心灵成长课程”，分小、初、高学段学生自主学习。

（3）做好咨询，构架危机干预制度。面向全体学生，畅通市区校级三级心理咨询服务，利用面询、心理咨询热线或网络心理咨询平台，发挥心理咨询室的作用，及时掌握学生心理状态，对可能存在心理危机的学生及时干预、加强引导。增加咨询渠道，通过面询、微信咨询、电话咨询、邮箱咨询、信件咨询等满足学生疫情下的心理需求。将咨询问题分类汇总，针对共性问题及时通过课程、讲座、宣传方式引导学生正确看待和面对，调整学生情绪，引导学生自主解决面临的挑战。对于危机学生，及时发现并处理，必要时在家长同意的前提下对学生进行三级平台的转介，并动态追踪。假期利用年级组力量，组织班主任和科任教师通过电话、微信、腾讯会议等多种形式与学生谈心谈话，稳定学生心态和情绪，激励学生认真准备期末考试，为自己负责；引导学生以积极心态面对突发的疫情，学会自我情绪调节与管理；重点关注毕业班级学生、有严重心理问题学生、性格明显有偏差的学生、亲子关系不良的学生。

2. 多方位贯通，提升家长教育保障能力

（1）层级家长课堂培训内容，解决家长实际问题。加强对家长的指导，形成育人合力，确保学生居家学习生活期间健康快乐成长。通过家长会、家长委员会、家长学校、家长咨询、宣传等途径，提升家长育儿能力，解决家长困惑，与学校共同促进学生全面成长。对全体家长推送学习培训课程，引导家长树立正确的育人观念，学会科学的育子方法，关注学生心理变化，树立正面示范作用，构建良好的亲子关系，努力为孩子营造一个温馨、愉快、友好的情感氛围。通过微信平台推送《疫情之下家长做好六角色与孩子共成长》《五一闭关修炼亲子全力奋战》，感同家长陪娃的

担忧和困惑，缓解家长焦躁的心理，引导家长做好危险防控的保护者、责任担当的教育者、学习路上的引导者、挑战面前的示范者、情绪疏导的陪伴者、学校教师的合作者，做一个乐于学习勤于思考、以身示范勇于实践、有耐心讲方法的人，抓住自身成长的机会，做孩子成长路上的榜样示范，用积极的心态抓住孩子成长的契机。

（2）成立正能量家长团，营造温馨氛围。成立“疫路同行　爱在身边　家校携手　陪伴成长”二外附中“正能量”家长团，充分发挥家长团正能量的作用，营造正能量氛围。班群每天推出一条“每日寄语”，用微小的行动开启师生、家长每日好心情；定期推送“榜样”家庭，挖掘班级正能量家庭，讲述和谐亲子关系、传递科学育儿方略、倾听成长感动瞬间；倾听家长心声，借助家委会力量解决家长困惑，做家长的“定海神针”；家委会不能决定的事情，及时传达学校，做家校沟通的桥梁；引导家委会成员在家长群中为班主任赋能，为班主任在疫情期间的各类数据统计、协助科任教师做好学生管理、积极组织“五育并举”促进学生全面发展的活动、设计符合班级实际的班会课、备课、教研、网络答疑等繁重工作点赞，让更多家长理解并配合班主任的工作，让班主任感受到被支持的正能量和动力。

3. 浸润心理，教师注重心理健康

通过培训、讲座、沙龙、活动、心理测评及微信平台宣传等方式呵护教师心理，及时疏导特殊教师的情绪状态，全员浸润心理，引导教师积极、健康、向上，爱工作、爱学习、爱生活，引导学生同样具有积极乐观、韧性、会规划的心理品质。通过对教师进行“疫情之下减压心理关爱”“职场压力与心理健康”“怎样让学校的睡眠更健康”“教师压力管理与心理健康”“温情三月、呵护心理”等讲座培训，做好教师的心理保障；通过微信平台推文《致全体教师一封信》等，助力教师了解学生状态和策略，面对学生更具可操作性。通过沙龙“为你点赞”，为班主任赋能，为

所有教师赋予正能量。

延伸阅读

开展积极心理健康教育的重要意义

积极心理学更加关心人的教育、成长、爱以及智慧，并运用科学的研究方法来探寻和培育人的积极心理品质，提倡研究人类的美德和力量，开放个人潜能，实现个人自身价值。通过营造积极的教育生态，促进学校、家庭、班级、学生之间相互关系的积极建构，最终形成有助于学生蓬勃发展的教育系统。运用积极心理，学校领导团队能够成为更有效能的领导者；运用于德育及班主任工作，让管理更具人情味；运用于课堂，更能促动积极的师生关系及学生心理素养的提高；运用于家庭，可以提高家长意识，密切亲子关系，形成积极家风和积极家庭教育。积极心理健康教育工作的开展将更能提供正能量、更加人本的教育。

主要启示

1. 心育工作要建立健全制度

学校心理健康教育工作扎实、稳定，制度机制健全，在疫情之下能够迅速响应，制定契合实际的学生心理健康教育保障方案，通过宣传、课程、活动、咨询、体检等方式开展和落实心育工作。

2. 心育工作始终坚持预防为主

为有效预防学生心理问题出现，应以学生积极心理品质为出发点，结合各学段学生心理特点，借助社会、家庭、教师等多方面资源助力学生心理健康。

3. 心育工作要家校结合

学校心育工作要与家庭教育结合起来，充分发挥家校两方面的作用，才能起到更好效果。

浸润真实职场　深度职业体验

——上海市建平中学生涯教育特色之深度职业体验

情况概述

上海市建平中学在“促进人的社会化与个性化的和谐发展”办学理念指引下，坚持对学生终身发展负责，从2009年开始探索生涯教育实践，从管理系统、干预系统、课程系统、资源系统等方面构建了学校生涯教育体系，通过生涯辅导课程、主题执周、模拟面试、项目设计、生涯人物访谈、行业专家讲座、生涯主题班会、职业体验等形式引导学生进行自我、职业与社会等生涯探索实践，有效提升了学生生涯规划能力。

2011年起，学校首次开展了面向全体学生、贯穿高中三年共五次共24天的生涯教育特色活动——深度职业体验，经过展开实验、积累经验、推广成果三阶段，将其形成一门社会综合实践课程，纳入学校学分制系统并成为上海市高中生综合评价特色指标。该特色经验被国内外众多学校借鉴并推广，相关成果获得上海市教学成果特等奖及国家级教学成果二等奖。

主要做法

1. 深度职业体验的设计思路

秉持“对学生终身发展负责，促进学生的社会化与个性化和谐发展”指导原则，上海市建平中学将学生的学术知识学习与工作本位学习结合起来，注重将学习置于真实情境，强调浸润式体验，通过体验式学习和参与性实践，使学习成为亲历、体悟、辨识、澄清、内化、笃信的体验式深度学习过程，实现理论与实践的有效联通、知识的建构与转化，从知识掌握走向智慧生成与能力发展。设计灵感源于螺旋式上升的能力发展过程，是通过初次生涯指导，学生初次进行职业体验；再次指导，再次体验……使学生经过高中阶段多次生涯指导与深度职业体验过程，夯实未来成长的基础。

2. 深度职业体验的典型特点

（1）整体设计：全学程职业认知，浸润式职场体验，双元式导师指导，过程性综合评价。（2）循序递进：高一初涉职场认识自我，学生利用寒暑假进行“职场初体验”；高二浸润职场认识社会，学生前往各职业体验基地“全职上班”两周时间，进行浸润式、体验式深度学习；高三明晰价值做好决策，理性思考、慎重选择大学专业与未来职业。（3）形成合力：构建了“家—校—社”育人生态，所有的职业体验岗位都由家长和社会提供，拓展了生涯教育的深度、资源和空间，提升了合力育人的效果。

3. 深度职业体验的实施过程

（1）具体安排。每位建平学子在校三年期间必须参加有组织的 5 次深度职业体验活动，共 24 天，具体安排见下表。

学生三年期间五次职业体验活动安排表

次数	职业体验时间	职业体验时长	职业体验重点要求
第一次职业体验	高一寒假	3 天	初步了解职业概况（岗位工作职责、人才要求、职员构成情况） 初步了解行业（行业内最有影响力的企业与专家，行业人才能力要求、行业现状与发展）
第二次职业体验	高一暑假	3 天	某一具体职业的日常观察、人物采访与职业发展评价
第三次职业体验	高二上学期期中考试后	两周	职业概况、职业发展、工作体验、人物访谈等职业体验任务 小组合作开展生涯课题研究
第四次职业体验	高二寒假	3 天	感受职场人才要求
第五次职业体验	高二暑假	5 天	锻炼提升职业能力

（2）活动组织流程。整个活动的程序如下：

宣传与指导：通过生涯课程、专家讲座、主题班会、学长职业体验成果展示等形式宣传生涯理念，指导生涯实践。

活动准备：设计与发放《学生个人生涯发展规划之成长记录册》。学生在充分认识自我和理性分析学业现状、人生理想的前提下，确立可操作的学期发展目标。各班组织学生分类梳理感兴趣的职业；通过学生自寻、家长自愿、学校联络等途径填写职业体验单位资源统计表。学生以小组形式收集感兴趣职业的相关资料，确定本小组职业体验单位，上报到课程教学中心。学校邀请职业体验单位负责人、家委会代表共同协商确定食宿与交通、体验任务、具体实施方案及注意事项等，制定职业体验相关管理制度。明确任务分工，学生发展指导中心负责协调整体工作，培训校内外生涯指导教师。指导教师明确指导任务、熟悉指导小组、联络职业体验基地负责人；学生报名目标体验单位、组成体验小组、讨论体验期间课题方案、熟悉体验单位；体验基地制定职业体验指导方案。

活动落实：学生体验实践：组长负责组员签到与协调；学生按照任务

书完成职业体验任务及课题研究任务；每天通过网络上传体验日记。职业体验单位：按照指导方案专人负责带教指导，包含对单位整体情况、岗位设置、人才要求等介绍，也包括具体体验岗位职责和工作的指导；体验结束后填写职业体验评语。学校指导教师：与单位进行沟通协调；巡视体验基地；指导学生体验实践；每日批阅学生体验日记。学生发展指导中心及分管领导：协调、指导、通讯报道，便于学生互相借鉴学习。

交流与评估：学生个人、体验小组、班级、年级、基地、学校各层面的工作总结与经验交流、成果展示、特色宣传。

相关衍生活动：如邀请各企业来校举行校园模拟招聘活动、课题研究等。

4. 深度职业体验的实施成效

（1）学生改变学习方式，明晰生涯规划。深度体验式学习打破了封闭学习的壁垒，增强了学习的实践应用性，激发了主动学习的动机。跟踪研究显示，学生的生涯意识得到提升，生涯准备更加完善，生涯体验更加深入，生涯行动能力得到全面提高。学生体验过的岗位数与未来生涯目标的明确程度呈正相关，经历过职业体验的建平毕业生和没有经历过职业体验的非建平毕业生相比在专业匹配度与专业兴趣、专业受益程度等方面均存在显著性差异。

（2）教师转变教育观念，促进教育教学。教师树立了新的学生教育与指导观、学生评价观。职业体验让教师对社会增进了认识，尤其对于职场中所需要的人才素养有了更多的了解，促进了教师教学内容和教学方式的转变。

（3）学校推进教育变革，受到广泛认可。学校形成了一套目标明确、内容科学、结构合理、操作方便的生涯教育管理模式和指导流程，形成了一套科学完整的工作手册，开展了一系列专题研讨活动，促进了学生的综合素质培养，有效推进了育人方式变革。

（4）家—校—社协同，构建育人新生态。建平中学与家长协同工作，与企业合力育人，每年签约形成150家左右社会责任感强的职业体验基地，家长、社区、企事业单位、行政机关等各行各业广泛参与进该校的教育实践中，初步构建了“家—校—社”协同的资源共建生态系统，打破了学校孤军奋战的教育格局，拓展了生涯教育的深度、资源和空间，形成了协同育人的伙伴关系，提升了合力育人的效果。

延伸阅读

体验式学习

体验式学习是指通过实践来认识周围事物。通过让学习者完整地参与学习过程，使学习者真正成为课堂的主角。教师不再是单方面输出的知识传授者，而是可视、可听、可感的教学情境建构者，为学生做好准备工作、激发学生自主学习动机的学习促进者。体验式学习过程给学习者带来新鲜的刺激、深入的感受，从而加深记忆与理解，真正促进能力发展。

生涯建构理论

生涯建构理论旨在帮助个体通过一系列有意义的职业行为和工作经历来构建自身职业生涯发展过程。在职业配型理论、职业成熟度理论的基础上，生涯建构理论进一步提出，职业生涯发展就是个体围绕职业生涯这一重要人生主题而展开的、内涵丰富的主观建构过程。个体应综合考虑自己的过往经验、当前感受以及未来抱负作出职业发展行为选择，个体职业发展的实质就是追求主观自我与外在客观事件相互适应的动态建构过程。

主要启示

1. 构建大中小幼全学段生涯体验活动

可探索构建如幼儿园“了解爸爸妈妈的职业”，小学阶段“家长职业汇”，初中阶段“跟家长上一天班”，高中阶段“深度职业体验”，大学阶段“专业跟岗实习”。

2. 形成家—校—社协同的生涯教育氛围

学校进行生涯教育顶层设计，社会提供充足的职业体验基地供学生选择，家长参与生涯教育指导，形成合力育人新格局。

3. 立足学生综合能力培养和未来发展落实生涯教育

理性看待当下教育和学生未来发展关系，立足学生综合能力培养，设计本土化生涯教育内容和途径，引导学生增进自我认知、社会认知，提升生涯规划能力，促进学生终身可持续发展。

不断创新　系统设计

——黑龙江省哈尔滨市第一中学校以团体辅导打造特色心育品牌

情况概述

黑龙江省哈尔滨市第一中学校（下文简称哈尔滨一中）前身是1912年11月1日由“鲁人旅哈同乡会”募捐创办的私立广益学校，是哈尔滨市建校最早的一所学校，至今已经有百余年的历史。学校恪守“公、诚、爱、任”的百年校训，坚持“内图发展个性，外图贡献人群”的办学理念，践行“内诚外公”的教育思想，以培养“为中华民族伟大复兴而读书”的学生为目标。近百年来，哈尔滨一中为国家培养了大批德才兼备的优秀毕业生，素有“哈尔滨小北大”“哈尔滨黄埔军校”“人才的摇篮”之美誉。近十多年以来，学校努力探索以团体辅导打造特色心育品牌，并取得较好效果。

主要做法

1. 模仿学习，总结团体经验

2007年7月，哈尔滨一中派心理教师专门到清华大学跟随樊富珉教授学习团体心理咨询。学成回校之后，针对该校学生的具体情况，把学校团体心理咨询定位为专业的发展性成长团体，由于团体活动新颖有趣，团体学习体验深刻，每次活动都吸引了不少学生。

在2007年举办的“人际关系”专业小团体中，参与的学生都获得了不同程度的成长。在2008年3月举办的“自我之旅”专业小团体中，学生的感受也随之增多了。

2. 提档升级，提升团体训练

随着学校心理健康教育由一门课程或学科向整个学校教育教学全面渗透的转变，学校的心育工作也从开始面向部分学生的个别辅导逐步转向促进全体学生发展的团体辅导，从单一的矫治性辅导逐步过渡为集预防、优化、发展于一体的多元辅导。该校的高中生团体心理训练倡导“在实践中体验，在体验中感悟，在感悟中成长”，通过各种生动、有意义的心理活动调整学生的心理状态、启迪学生的深层思考、激发学生的心理潜能。

依据该校高中生存在的心理困惑，哈尔滨一中设置环境适应、同舟共济、交往天地、天生我材、探寻自我、意志责任、压力释放、快乐无敌、潜力无限等九个板块的内容，有效帮助班主任解决在班级集体建设中面对的各种心理难题。在班级实施团体辅导最大的好处就是充分地调动了学生的积极性。教师尤其是班主任和心理教师特别关注学生的表现和变化，重点捕捉突出心理问题，结合校情、班情和个人情况，有针对性地开展大型的团体心理训练。

3. 不断创新，丰富团体活动

参加过心理辅导活动的教师都会发现，很多不同的领导者设计的活动基本上大同小异，没有太多新意，自然就缺乏足够的吸引力。所以，心理教师要有一双善于发现的眼睛，在生活实践中寻找并创造更多更新颖的团体活动形式，增加团体心理训练的吸引力。比如，学校有一个独创的团体活动叫作“一切皆有可能”，就是来源于一个电视上的滑稽表演，看到表演的那一瞬间，心理教师就认定这个活动可以在学生中实施。于是，心理教师先找了几个学生进行试验，经过调整，就形成了学校的经典保留活动。

4. 系统设计，打造品牌特色

哈尔滨一中的团体心理训练从 2007 年 3 月开始启动，现在已经逐步形成一个完整的操作系统，共分为三部分：高一学年开展班级团体心理辅导课；高二学年开展情感主题班会课；高三学年开展大型团体心理训练。通过多年实践，学校的团体心理训练正在不断地成长，深受广大师生的喜爱和欢迎。从“哈尔滨市心理健康教育现场会”，到“黑龙江省未成年人思想道德建设心理健康现场会”，再到“中国青少年身心健康发展策略高层论坛”，该校向与会来宾千余人展示了该校的特色心育——团体心理训练，均受到一致好评。“团体心理训练”已经成为哈尔滨市一中一张闪亮的名片。

5. 团队建设，拓宽班会渠道

心理主题班会由心理教师对班主任进行专业指导，并参与策划，邀请家长参与，然后由学生自己完成。学校的心理主题班会紧跟学校的工作步伐，抓住各种教育契机，适时开展生动活泼、寓意深刻的主题活动。“呼吸亲情，感恩母亲”主题已经形成了又一个心育品牌。班会创设母亲怀胎行动不方便场景、母亲送孩子第一次入幼儿园场景、孩子初中毕业叛逆阶段场景、高三毕业背起行囊离家场景。每个场景都由学生扮演，场下学生与母亲自述心情。心理主题班会取得了意想不到的成功，几乎所有的母亲都不能自已，几度泪下，她们感动于学生的精彩演绎，更感动于学生的感恩之心。主题班会作为班级活动的重要形式，可以更好地引导学生正确认识自我，规范自我行为，激发学习兴趣，增强班级凝聚力。

延伸阅读

什么是团体心理辅导

团体心理辅导是在团体情境下进行的一种心理辅导形式，它是通过团体内人际交互作用，促使个体在交往中观察、学习、体验，认识自我、探索自我、调整改善与他人的关系，学习新的态度与行为方式，以促进良好的适应与发展的助人过程。

班级团体心理辅导是在班级情境下，以班级建设和学生发展过程中出现的现实问题为内容，通过让学生在主题活动中积极主动地参与、体验、内化，帮助和引导学生了解心理常识，悦纳自己，完善自己，培养良好的社会适应性，促进人格的健全发展。随着我国学校心理健康教育工作的不断推进，班级团体心理辅导在班级建设、师生成长、学生积极心理品质培养等方面彰显出积极作用，成为学校微观教育层面的必然选择和班主任工作创新的重要载体。

主要启示

1. 勇于创新塑心育

从独树一帜的心育品牌“团体心理训练”到动人心弦的“心理主题班会”，拥有百年文化底蕴的哈尔滨一中正在焕发她独有的教育青春，心育发展之路也处处渗透着名校大气大度的胸怀。哈尔滨一中对新一代的心理健康教育工作者提出新要求，鼓励教师们大胆创新，勇于实践，从心育到育心，每一次心育工作的创新，都凝结了敢闯敢干的“闯关东精神”。

2. 系统心育有设计

从模仿学习、大胆实施到改革创新、系统设计，哈尔滨一中的心育品牌打造之路彰显学校高层的先进理念和精心培育，也凝结着心育工作者的初心坚守和创新实践。

3. 育心高峰无限远

展望未来，心育工作广阔的展示舞台和无限的发展空间正召唤学校不断努力，不断前行。哈尔滨一中正在以历史名校的新颜变化展示着独特的魅力，心育工作的点滴成绩和阶段进步都将为百年名校的辉煌再书华章。2021 年该校已启动“健康学生，成就未来”计划，邀请社会公益组织和相关专业人士走进学校，开辟新的路径，深度促进学生健康成长。

联防联控应突变　爱心相伴保平安

——黑龙江省牡丹江市第二高级中学抗疫保学应急处置心理危机事件

情况概述

2020年6月3日，黑龙江省牡丹江市第二高级中学接到市疾控中心电话，通报高三·九班某同学为无症状密接者，经初步流调，需对相关人员进行核酸采样。采样结束后，牡丹江市疫情防控指挥部有关部门要求这部分师生到宾馆等待核酸检测结果。学校规范操作、迅速反应，在最短时间内将相关人员安全送至隔离宾馆。同时协调市疾控部门对该同学所在班级进行封闭管理，实行终末消毒。

省市专家针对是否隔离停课等情况进行研判。6月4日凌晨两点，医院告知核酸检测结果：该同学为弱阳性，其他所涉及人员均为阴性。经综合研判决定，将该同学送医疗机构医学留观，其他人员集中隔离，学校其他班级继续进行线下教育教学。

主要做法

1. 防控规范，家长心安

应急状态下，学样严格依照《疫情防控技术方案》，动态调整和完善“两案九制”及各项防控预案62项，在执行好精准排查、双报告制、“三件宝”、一米距、六错六分、小班化等常规措施的基础上，建立家长联防联控机制，做到“五个不放松”，并储备足够数量的防控物资。学校通过多种方式，多次进行返校复课及应急处置实战演练，对全校师生员工及其同住人开展网格化排查工作，围绕“四个关键”，重点抓好“三个闭环”。

2. 保障有力，情绪稳定

新冠肺炎疫情发生后，被隔离师生恐慌不安、学生家长焦虑害怕，家属纷纷到学校咨询情况，个别家长表现出不理解甚至有抵触情绪。对此，牡丹江市委市政府高度重视，及时控制舆情，把控局面。为师生送去常用药物、复习试题，并组织学生在隔离点参加了线下三模考试，为高三・九班单独进行了考试成绩的质量分析，保证了“五同步”教学安排顺利实施。一切安排妥当，使学生保持心态平和，有归属感和安全感。线上教学正常，统一时间，增加学习的仪式感，也让学生更专注。同学之间互相鼓励，共同扶持度过这段隔离日子，既增进了友谊，也促进了同伴共同成长，这些都为学生结束隔离回归正常学习状态提供了心理准备。

3. 心理干预，精准援助

学校领导与专职心理教师分别加入学生及家长群，从思想和心理上给家长做好沟通服务工作。成立心理健康疏导小组，对学生与家长进行了一系列的心理建设。

（1）全面筛查，精准施助。心理教师与班主任通过逐个筛查的方法，对班级学生心理状态进行分类，根据不同的状态进行干预。

（2）云端互动，传递暖流。安排专业心理教师进行网络授课，云端交流，与学生积极互动。安排本校心理教师和兄弟院校的专职心理教师为隔离学生上心理课。心理教师选取轻松话题与学生探讨，做手指放松操，感受生命中给他们温暖的那些名字，思想引领润物无声，让学生在轻松愉悦的氛围中感受师生关爱的温暖与外界支持的强大力量。

（3）学思融汇，劳逸结合。根据实际条件，鼓励学生除了学习文化课之外，记录日记、音乐放松、体育锻炼，进行积极的暗示，帮助他们转移注意力，丰富被隔离的时光。

（4）家校联合，协同共育。心理教师深入班级家长群，了解家长状态，推送抗疫和心理小常识，为家长提供正面引导，帮助家长稳定状态，避免近期作出重大决定，增强被隔离学生内心的安全感和控制感，同时随时为家长提供心理援助。

4. 多元助力，平稳过渡

隔离期间全体师生共接受三次核酸检测，结果均为阴性。2020 年 6 月 17 日，隔离师生符合解除隔离条件全部返校复课。学校为他们举行了简短却温馨的欢迎仪式，让返校师生对“家”与“校”有了别样的美好认知。学校总结前期经验，进一步健全完善心理危机干预机制，每天午餐后以校园广播的形式对全体高三学生进行 10 分钟心理健康讲座，播放轻音乐，舒缓学生心理压力，提高学习效率；通过心理专线、心理辅导课等形式对学生深入开展心理辅导，将心理健康辅导与教育教学深度融合，帮助学生集中精力复习备考；为解除学生及家长的心理顾虑，提升学生高考实战能力，学校为他们安排了一次线下模考热身，并增加了一次十三校联盟的高考模拟考试；同时，对操场网格化分区管控，逐步恢复室外阳光大课间活动，组织学生中午在班级集体做手操等趣味体育活动，振奋学生精神，增强学生体质，提高免疫力。返校后，学生心态稳定平和，身体状况良好，全力以赴地投入到高三备考中。

5. 彼此鼓励，相伴成长

2020 年 7 月 3 日，学校为 2020 届高三学子举行毕业赴考壮行仪式，高三・九班同学与同袍学友手执青青翠竹，身系铭载校训彩带，感念深浓师恩，跻身状元虹门，心怀母校给予的激昂力量步入高考考场。在 2020 年高考中，学校成绩稳中有升，重本上线 365 人，普本上线 1208 人。高三・九班整体成绩比平时有所提高，无症状感染学生也以高于重本线 25 分的成绩考入哈尔滨商业大学。这次心理危机事件的完满解决，使全体学生对心理危机有了清晰的认识，提高了抗危机能力，促进了社会适应性发展，实现了身心成长。

延伸阅读

危机干预六步法

第一步：确定问题。即从求助者的角度，确定和理解求助者本人所认识的问题。在整个危机干预过程中，工作人员应该围绕所确定的问题来把握倾听和应用有关技术。

第二步：保证求助者安全。在危机干预过程中，危机干预工作者应将保证求助者安全作为首要目标。简单来说，就是把自我和他人的生理和心理危险性降低到最小。

第三步：给予支持。危机干预的第三步是强调与求助者沟通与交流，使求助者知道工作人员是能够给予其关心帮助的人。工作人员不要去评价求助者的经历与感受是否值得称赞，或是否是心甘情愿的，而是应该提供一种机会，让求助者相信“这里有一个人确实很关心我！”

第四步：提出并验证可变通的应对方式。这一步侧重于求助者与工作人员常会忽略的一面——有许多适当的方法或途径可供求助者选择。因为多数情况下，求助者处于思维不灵活的状态，不能恰当地判断什么是最佳选择，有些处于危机中的求助者甚至认为无路可走了，而对于处于危机之中的求助者不需要给予其太多选择，而是能处理其现实境遇的适当选择即可。

第五步：制订计划。危机干预的第五步是制订计划，这是从第四步直接发展而来的。危机干预工作者要与求助者共同制定行动步骤来矫正其情绪的失衡状态。计划制订过程中的主要问题是求助者的控制性和自主性，让求助者将计划付诸实施的目的是恢复他们的自制能力，并保证他们不依赖支持者，如危机干预工作者。

第六步：得到承诺。这一步需要紧接在第五步之后，控制性和自主性问题也存在于得到恰当的保证这一过程中。如果制订计划这一步完成得较好，则保证这一步就比较容易做到。

主要启示

1. 建立心理档案，完善预警机制

在新生入学时可以用专业的心理量表科学排查，对全体学生进行筛查，深入全面地了解学生的详细心理状况，科学地分析问题成因，建立心理档案。这样就可以对学生的问题做到早发现、早干预，防患于未然。

2. 开展教育宣传，积极预防危机

根据学生的生理和心理发展特点，在不同的阶段，学校集中开展心理健康教育讲座，设立心理健康知识宣传栏，举办心理健康周等活动，帮助学生了解有关青春期心理特征，心理问题的症状及表现，增加其心理卫生保健常识。

3. 把握释放原则，及时干预危机

当不良情绪不断积累而超过心理防御临界时，个体会产生更多的焦虑，如果焦虑得不到舒缓释放，可能会形成新的心理危机。此时，应引导学生及时恰当地释放不良情绪或冲动，建立广泛的社会与人际支持系统，减轻心理压力，摆脱心理危机。

4. 加强沟通配合，跟进心理辅导

心理危机事件解决之后，并不意味着管理危机的过程已经完成，还需要继续跟踪把握学生在不同阶段的情绪、行为和认知状态的变化，随时进行心理辅导，帮助学生恢复创伤前的理性认知、情感和行为的技能。

5. 完善管理制度，化危机为机遇

虽然解决危机过程中遇到了许多的困难，但是学校经历了这个过程，积累了更多应对心理危机的经验和方法。该校借此次危机事件，配套解决了一些可能导致危机再度发生的相关问题，提高了对校园心理危机干预重要性的认识，增加了心理危机干预知识和技能，巩固了危机管理的成果。

因地因事制宜　实施心灵关爱

——辽宁省抚顺市顺城区将军第三小学校以心育促学校特色发展

情况概述

辽宁省抚顺市顺城区将军第三小学校地处老城区，始建于1958年，2009年因教学楼被定为D级危房原址重建，学生借校舍上课两年半，2011年8月回迁时学校仅剩8个教学班，学生不足200人，最少班级人数9人；在编教师51人，实际编制15人，超编36人。教师队伍臃肿、老化，工作无动力，职业倦怠严重。

学校生源多来自社会特殊群体家庭，其中低保贫困家庭子女、进城务工人员家庭随迁子女、单亲家庭学生、留守儿童、隔代教养比例占60%以上，全校不足20名家长有正式工作；家长文化程度偏低，为了生计无暇顾及孩子的家庭教育。

小学阶段是儿童智力发展、人格发展及形成良好心理品质与行为习惯的关键期，而学校和家庭、教师和家长是学生成长的育人环境和引路人。带着这样的思考，学校引进师生心灵关爱项目(EAP)，通过内外EAP相结合，内部EAP为主的方式，开启了运用心理科学与教育教学工作相结合的尝试，逐步把心理健康教育做成了学校的办学特色。

主要做法

1. 培训三支队伍，促进师生心灵关爱项目的有效实施

（1）培训校内心理团队，做实心灵关爱项目。学校有由六位国家二级心理咨询师组成的心理教师团队，校长、书记、教学校长均具备专业资质。为了确保师生心灵关爱项目（EAP）在学校的实施，学校心理团队分别参与了 EAP 员工帮助计划、焦点解决短期疗法、团体心理辅导、危机干预、积极心理学等专业培训，并定期对本校教师、学生、家长进行心理培训、个体辅导，疫情期间还开设了心理援助热线。学校确定了心理教师“三个一”成长目标，即系统掌握一项心理咨询专长、成立一个心理工作室、确定一个咨询服务对象。学校成立了针对学生个体辅导的沙盘游戏工作室；针对教师及其家属、家长进行个体辅导的心理成长工作室；针对教师、学生团体辅导的师生团体工作室；针对随班就读特殊学生建立了残疾儿童资源中心等。

（2）教师全员培训，提升教师的职业幸福感和施教能力。针对教师心灵关爱项目，学校采取的是内外 EAP 相结合的方式，既外请专家，也通过本校资源对教师进行培训，并针对教师的需求对教师进行职业规划、压力应对、情绪管理、人际关系、亲子教育、危机干预等方面的培训，提高教师的职业幸福感，并通过教师心理资本的提升更好地赋能学生，在校内形成了“人人都是心理健康教育工作者”的良好氛围。学校还通过开展“五个一”活动，即每学期开展一次心理培训，共读一本心理书籍，开展一次体验式心理工作坊，针对一个心育研究专题上一节团体心理训练课或心育渗透课，观看一个心理电影，引导教师在教育教学管理中关注学生的心理健康，同时促进自身专业成长，提升自身心理健康水平。

（3）开展家长培训，把关爱延伸至家庭。父母是孩子的第一任教师，孩子成长过程中的心理问题，特别是行为问题多源于父母在孩子幼年期及

童年期的家庭教育问题和亲子关系问题，因此，该校通过“四种途径”对家长进行家教方法的指导，把对学生的关爱延伸至家庭。第一，通过开设家长课堂对家长进行家庭教育指导，让家长明确科学开展家庭教育的重要性；第二，开展亲子团体辅导，家长与孩子共同参与团体心理训练，增进亲子关系的和谐；第三，邀请家长到校参与亲子实践活动，帮助家长与孩子建立良好的亲子关系；第四，开展家访活动，学校心理团队及教师每月一次走进学生家庭，根据学生及家长的具体情况，有针对性地指导家长掌握科学的家庭教育方法。

2. 建设三维课程，提升全体学生的积极心理品质

（1）心理基础类课程，培养学生积极心理品质。一是上好专门的心理健康教育课。教学中，结合低、中、高年级不同年龄阶段学生的心理发展特点，做到关注三个层次——发展、适应、预防；把握三个维度——认知、情感、行为。帮助学生正确认识自己、悦纳自己，实现自助和互助。二是在学科教学中有机渗透心理健康教育。根据学生的心理发展规律及学科特点，每学期设定一个研究专题，引导全体教师在备课时着力挖掘心育因素，在课堂中适时渗透心育内容。通过对学生进行专注力、成长型思维、快速记忆、思维导图等训练，提高学生的心理品质。

（2）心理成长类课程，提升学生心理素质水平。学校开设了团体心理训练课，围绕学生的个性心理、交往心理、学习心理、生活心理、智力开发、意志品质六大主题编写了《团体心理辅导》校本教材，由班主任结合不同年级学生的成长特点和心理需求，每月有针对性地对学生进行一次心理训练，关注学生的心理成长，提升全校学生的心理健康水平。

（3）心理拓展类课程，塑造学生积极乐观心态。把心理健康教育与学校活动有机整合，开展了一系列心理拓展活动，如校园心理周、心理拓展运动会、生命教育之花生种植采摘节、“说说我的情绪”故事会等，在活动中培养学生积极乐观的心态。每年开展一次校园心理剧大赛，通过心理

剧创编、排练、表演，使学生在创编及角色扮演中体验心灵成长的过程，培养学生乐观积极的人生态度。

3. 运用三种心理辅导模式，把关爱落到实处

（1）个体辅导，关注个性问题。学校有个体辅导、心理活动、沙盘游戏、心理宣泄、心理放松五个心理成长中心和一个残疾儿童资源中心，每天中午面向全体学生开放，采取学生自愿、班主任推荐、咨询师约访三种方式对学生进行个体辅导。

（2）团体辅导，解决共性问题。学校针对学生共性问题对学生进行团体辅导，如：针对单亲家庭学生心理健康问题已成为社会热点问题及该校单亲家庭学生较多的现状，成立了单亲家庭学生成长小组，通过建立单亲家庭学生成长档案、进行心理测量、开展团体训练、适当进行心理干预等方式，使各类学生得到有效的心理援助与辅导，让他们能健康、阳光地面对生活。

（3）持续关注随班就读特殊学生群体。学校十年来共接收随班就读残疾学生 21 名，其中发育迟缓即智障学生 16 名，脑瘫、肢残学生 3 名，多动症学生 2 名，自闭症学生 5 名。学校建立了资源中心，心理咨询师定期对他们进行康复训练和心理干预，使他们有机会和正常学生一样接受学校教育。

延伸阅读

师生心灵关爱项目（EAP）

EAP（员工帮助计划）是由企业为员工设置的一套系统、长期的福利与支持项目。通过专业人员对组织的诊断、建议和对员工及其直属亲人提供的专业指导、培训和咨询，旨在帮助解决员工及其家庭成员的各种心理

和行为问题，提高员工在企业中的工作绩效。

学校实施的师生心灵关爱项目是把 EAP 进行了本土化实施，结合学校教育实际及本校实际进行探索及实践。学校教育的主体学生，原生家庭对学生成长有直接影响。该项目增加了对学生及其家庭的支持，且把学生作为关爱项目的主体，通过学生的健康成长、家长的满意程度及教师职业幸福感的提升促进学校发展，提升学校的办学影响力，并把其命名为师生心灵关爱项目（EAP）。

主要启示

1. 促进组织发展，形成健康文化，提升教育教学效果

学校 EAP 的实施促进了组织发展，形成了健康的学校文化，提升了教师的职场胜任感和幸福感，学校的工作绩效和办学影响力也发生了巨大的改变。

2. 延伸学生健康成长环境，有利于身心健康，提升学习绩效

把学生作为关爱的主体，并延伸至学生的家庭，当学生的成长环境（家庭、学校）健康，引领学生成长的导师（家长、教师）方法得当、情绪平和，学生在有“爱”场域的包围下成长，更有可能身心健康，学习绩效提升。

3. 潜移默化的康复训练和心理干预，利于特殊群体成长教育

随班就读的残疾儿童作为特殊群体能够被关爱、被支持，得到专业的康复训练和心理干预，既减轻了家长和社会的负担，也让这些孩子未来更有机会完成学业，独立生存，成为对社会有用的人。

体验融合　共育“五自”桂山人

——广东省中山市桂山中学心育模式的构建与推广

情况概述

广东省中山市桂山中学具有260多年的办学历史，凭着深厚的人文底蕴、高质量的教学水平、卓有成效的德育理念，赢得了广泛的社会赞誉。

桂山中学高度重视心理健康教育工作，始终将心育工作贯穿于学校的各项工作之中。学校确立了“预防为主，以人为本”的心育理念，开展面向全体学生的心理健康教育，帮助学生正确认识自我，提高自我教育能力，朝着实现学生“生活自理，言行自律，学习自主，品德自砺，人生自信”的“五自”目标不断迈进。

在全体教师的共同努力下，学生的心理健康水平稳中有升，各科教师心育成果丰硕，学校先后获得了教育部国防教育特色学校、广东国家级示范高中、省普通高中教学质量评价先进单位、广东省优秀学生会、中山市德育示范校、中山市心理健康教育星级阵地、中山市健康促进学校金奖、广东省心理健康教育特色学校等荣誉称号。

主要做法

1. 心育工作与班主任工作相结合，促学生生活自理

生活自理，不仅包含学生会独立照顾自己，保持个人卫生等，更重要的是学会处理与他人的关系，管理好个人情绪与行为。学校心理科组通过开展心理专业技能培训、开设心理健康教育示范课、加入班主任工作室、开发体验式心理辅导课程等，提升班主任心理工作能力；通过协助班主任开展诚信星级宿舍建设、开展“我爱我班”等大型心理活动，帮助学生快速适应桂山中学生活，实现生活自理。

2. 心育工作与家庭教育相结合，促学生言行自律

学校开展家庭教育讲座、“心连心”亲子互动工作坊，增进亲子感情，引导学生学会感恩；邀请家长参与“重走英雄路”传统励志活动、入校监考与组织晚修、参加生涯规划之“听爸爸妈妈讲故事”与寒暑假生涯实践活动，增强亲子间的沟通与理解，加强父母对孩子的引领与支持，帮助学生完成从“他律”到“自律”的转变。

3. 心育工作与学科教学相结合，促学生学习自主

学习自主，与学生的学习动机、兴趣、能力以及教师的教学方式有着重要关系。学校开展自主性学习，以学生自主学习体验为主，开展“学科风采周”活动。如政治风采周的“漫画比赛”，生物风采周的制作葡萄酒、泡菜、腐乳，语文风采周的“语通天下，文行四海”晚会等体验活动，激发了学生学习的乐趣；同时实现了教师角色的转变，教师从主导者变为引导者，带领学生走入图书馆、走入大自然。

4. 心育工作与德育工作相结合，促学生品德自砺

学校将心育工作融合渗透于德育工作中，开展“重走英雄路”活动，提升学生意志力与抗挫能力；开展国旗下讲话，让学生在潜移默化中成长；与山区少年手拉手，培养学生的社会担当；开展地震测报科技活动、青春期教育和成人礼活动，培养学生的责任感；开展“母亲节”“父亲节”“教师节”活动，培养学生的感恩意识；开展“阳光假期”社会实践活动，通过研学游行、走访孤寡老人、参与社区服务，引导学生学会感恩，珍惜当下的生活。

5. 心育工作与体艺教育相结合，促学生人生自信

学校开展班际篮球赛、大合唱比赛、校园十佳歌手大赛、桂山大舞台等丰富多彩的体艺活动，让学生多元发展，找到自信，成就人生。心理社团海豚社与校电视台、广播部、微电影社、电教科组等拍摄心理微电影、校园原创心理情景剧，如《等·爱》《坏孩子》《勇敢的心》等，获得全国评比金奖，营造了和谐健康的校园心理文化氛围。

延伸阅读

体验式教育与融合教育

体验式教育以学生为中心，强调自主探究，通过体验建构知识，让学生在亲历过程中观察、反思和分享，从体验中感悟，从感悟中实践，从实践中成长。一方面，倡导把个体精神生命发展的主动权还给学生，体验式教育符合国家对于基础教育改革的导向与要求。另一方面，体验式教育就是在教育过程中唤起学生积极的、健康的情感体验，直接提高学生的学习积极性，使学习活动成为学生主动参与的、快乐的事情。体验式教育有利

于调动学生的积极情绪，促发学生的无意识活动与情感活动，达到将所学内化的效果。

融合教育，在这里指的是全员参与、全程渗透、全面发展的教育，即全体教职员工参与学生的心理健康教育工作；心理健康教育渗透在学校教育教学的全过程；心理健康教育体现在学生发展的各个方面。高中生处于青春期这一重要的发展阶段，他们智力发展水平接近成人高峰状态，情绪体验强烈、波动较为明显，自我意志增强，对自主性和独立性的需求进一步增强。体验式教育与融合教育相辅相成，符合学生的心理发展特点，不仅全过程、全方位地带给学生引领式和渗透式教育，更营造了良好的心育氛围。学生在学习、生活、个性发展等方面受到潜移默化的影响，实现了自我成长。

主要启示

1. 结合学校情况，探索特色心育模式

根据体验式教育以学生为中心的特点，以高中生心理发展特点为依据，桂山中学确立了“体验融合”心育模式，坚持以“一个目标，两个原则，三个坚持，四条途径，五个结合”为主要途径。

（1）一个目标：以培养“五自”（生活自理，言行自律，学习自主，品德自砺，人生自信）桂山人为心理健康教育工作目标。

（2）两个原则：一是坚持心育工作面向全校师生，以预防性与发展性教育为主，培养学生的积极心理品质；二是坚持“因势施导”，尊重学生个体差异，确保学生身心健康发展。

（3）三个坚持：坚持心育进课堂；坚持体验心育与学校工作相融合；坚持每年一次的心理健康普查。

（4）四条途径：一是坚持课堂作为心育的主阵地；二是利用好心理健

康教育阵地；三是开设心理健康教育专题讲座；四是开展丰富的心育体验活动。

（5）五个结合：心育工作与班主任工作、德育工作、家庭教育、学科教育、体艺教育相结合。

2. 调动学校力量，实现全员参与模式

为落实心育工作“体验融合”的理念，确保全员参与、全程渗透、全面发展，必须有健全的组织机构、完善的软硬件设施和科学的课程体系。

（1）健全组织机构。桂山中学成立以校长为组长的心理健康教育领导小组，德育副校长亲自抓心育工作，德育处负责心育活动组织，教务处负责心理课程规划。学校设立心理科组，形成了以心理教师为骨干，年级组、班主任、任课教师、家委会和学生干部参与的心理健康教育网络。并建立心理“三预”机制：事前建立预警机制，做好预防工作，事后及时干预，做好心理辅导，对于有严重心理问题的学生做好转介与跟踪。

（2）强化软硬件保障。桂山中学建设了功能齐备的心理咨询室，包括个案辅导室、心理宣泄室、接待室、团体辅导室、沙盘室等，占地面积200多平方米，为心理健康教育打下了坚实的硬件基础。同时从三方面加强了心理健康教师队伍建设：一是建设专兼职结合的心理教师队伍。专职心理教师由三名硕士研究生组成，三名兼职心理教师均具有国家心理咨询师三级以上证书。二是提升班主任与普通教师的心理健康教育能力。264名教师中，有158人拥有C级证书，11人拥有B级证书，6人拥有A级证书。三是积极开展面向全体教师的心理培训，引领更多的教师参与心育工作。

（3）探索特色育人课程。根据心育目标，针对不同学段学生心理发展特点，通过多年的实践，学校形成了独具特色“五自”心理健康教育课体系。（见下页表）

年级	培养重心	育人核心
高一	生活自理、言行自律	“让优秀成为一种习惯”为主题的养成教育
高二	学习自主、品德自砺	“做最优秀的自己”为主题的激励教育
高三	人生自信	“超越永不止步”为主题的人生规划教育

以心润心　助力成长

——吉林省吉林市第五十五中学心理健康教育实践

情况概述

吉林省吉林市第五十五中学（下文简称吉林五十五中）始建于1978年，是一所吉林市教育局直属的普通高中。学校现有18个教学班，学生总数近900人，入学成绩偏低，学习动力不足。农村寄宿学生占三分之一，单亲家庭学生、隔代教养比例占30%以上，全校学生家长有正式工作的不足十分之一；家长多数文化程度偏低，科学、正确的家庭教育过少或严重缺失。在编教师86人，因为新入编教师少，导致教师队伍结构不够合理，职业倦怠较重。

高中阶段是帮助学生确立正确的自我意识，树立人生理想和信念，形成正确的世界观、人生观和价值观的关键时期。学校结合师生实际，在如何培养学生创新精神和创新能力，掌握学习策略，开发学习潜能，提高学习效率，积极应对考试压力；如何使学生正确认识自己，培养人际沟通能力，正确对待和异性同伴的交往；如何帮助学生进一步提高承受失败和应对挫折的能力，形成良好的意志品质；怎样确立职业志向，进行升学就业的选择和准备，培养担当意识和社会责任感等方面，进行了大胆的实践和探索，做了一些积极有效的尝试，逐步把心理健康教育做成了学校的办学特色。

主要做法

1. 理念引领，强基固本

吉林五十五中心理健康教育在“生命教育”理念的引领下，积极营造“让教育回归本真，让生命回归本我，让生命质量得以提升”的心育氛围。多年来，学校逐步健全了领导机制，将心理健康教育纳入学校德育目标课程体系；进一步完善了管理制度；投入20余万元改善硬件设施，更新了硬件配置；规范了心理档案，使心理健康教育运行机制日臻完善。学校特别重视、支持心理教师的专业发展，先后委派心理教师到北京、西安、长春等地参加国家级、省级的心理培训10余次，市级培训30余次。

为了增强全校教师心理健康教育意识，学校多次邀请校外专家进行讲座，提高教师自身的心理健康水平和职业幸福感。该校心理教师也多次为全体教师做“营造幸福享受生活”“用真情照亮生命”等专题讲座，并组织班主任心理沙龙10余次。学校还尝试为全校教师做放松体验和沙盘体验，使教师的心理压力得到了缓解，通过组织教师“心的旅程”团体心理工作坊加深了教师彼此间的相互理解和信任，为教师提供了宣泄压力的平台。

2. 多彩活动，润泽心灵

（1）校本课程，因材施教。学校在高一年级开设了心理健康教育课，在高二、高三年级进行阶段性的讲座和辅导。心理教师充分利用心理团体活动室，针对不同年级的不同心理需求进行适当选材，如针对高三学生开设“怒放的生命”“高考面对面”等课程，受到了毕业年级学生的欢迎和好评。目前，吉林五十五中心理课已基本形成自己独特的风格，研发了心理健康教育校本课程——“阳光馨语”。

（2）心理讲座，启迪心智。学校经常根据学生的年级或年龄特点举办心理讲座，如为新生年级在军训期间做“适应新生活”专题讲座，为毕业年级做“调整心态自信迎考”专题讲座。还有诸如“放飞梦想”“青春，你好”和为住宿生做的“温馨的家”心理讲座等，讲座已累计达30余场。

（3）心理辅导，挖掘潜能。学校以面谈、网络（QQ、微信）、电话等多种形式进行个别心理辅导，每学期都要接待来访者近50人次。学校充分利用团体心理辅导的特点，针对不同问题、不同群体进行不同内容的心理辅导，起到了很好的效果。如，针对高一学生进行了“学校共同成长”人际交往团体心理辅导，针对高三毕业生学校举办“阳光总在风雨后”成功高考训练营活动，结合该校住宿生较多的特点，为住宿生做“Hello情绪”心理辅导，这些团体辅导形式活泼，内容有趣，寓意深刻，深受学生喜爱。

（4）实践活动，精彩纷呈。学校通过重大节日、校园广播、心理手抄报、心理剧等媒介普及心理知识。通过“校园艺术节”等活动全方位促进学生心理健康发展。学生参与面广，积极性高，节目质量好，学生从中受到了触动和教育。

3. 个体关怀，合力共赢

（1）生涯规划，助力前行。学校十分重视生涯规划工作，2019年开始启动生涯规划指导课程并在高一和高二年级实施。学生利用假期参与职业体验活动，开学后通过撰写感悟心得的方式进行分享、交流。学校通过两年实践体验，帮助学生了解自我，发现潜能，多元发展，明确规划。2021年，学校启动“激发动力，助力高考”工程，旨在运用生涯规划知识，调动学生内在动力和潜能，使学生明确目标，拓宽视野，自主学习，提高效率，继而增强学习自主性和内驱力，为成长和长远发展找到支点。

（2）及时干预，事半功倍。学校成立学生心理危机干预工作领导小组，制定心理危机干预预案，做到及早发现，及时疏导，有效干预，避免因学生心理危机事件而引起不良后果。

近年来，学校对多起个案及时发现、及时转介。通过这些个案可以看出，心理问题的形成不是一蹴而就的，与个案的成长经历、生活环境等有着直接关系。学校通过多种渠道在学生中进行排查，如建立心理档案，了解学生基本状况；在各班选拔心理委员，培养学生心理骨干；定期培训、交流，了解各班学生心理状况等。发现异常，及时干预，把问题消灭在萌芽状态，避免问题进一步恶化。

（3）家校合力，科学育人。家庭是心理健康教育的另一个重要阵地。吉林五十五中一直重视对家长的培训，每年都会组织专题家长会，由心理教师或聘请名师为家长做家庭教育专题讲座。先后为家长做讲座 10 余次，指导家长树立科学的教育观。如“为孩子的雨季撑起一把伞”“优化家庭教育做智慧型家长”等，这些讲座受到广大家长的认可和欢迎。

由于住宿生较多，这些学生中又多为单亲家庭孩子和留守学生，为此，学校定期举办“爸爸、妈妈我想对您说”“有爱就大声说出来”等亲子活动。学校还举办以班级为单位的“沟通，从心开始”体验式家长会，通过这些活动的开展，提升家长的家庭教育意识，改善亲子关系。

延伸阅读

以学生发展为本，重视学生心理健康教育

开展中小学心理健康教育，要以学生发展为根本，遵循学生身心发展规律，必须坚持以下基本原则：坚持科学性与实效性相结合；坚持发展、预防和危机干预相结合；坚持面向全体学生和关注个别差异相结合；坚持教师的主导性与学生的主体性相结合。

学校要高度重视学生心理健康教育工作，并将其作为教育工作的重要内容，开展一系列工作，包括：加强政策指导，明确工作要求；加强队伍建设，提升专业水平，如配备专职或兼职心理健康教育教师、逐步增大专职人员配比，在“国培计划”中专门设置心理健康教育教师培训项目，

通过培训提高教师对学生心理健康问题的识别、干预能力；强化辅导室建设，开展心理疏导，建立学生成长信息记录与危机干预机制等。

主要启示

1. 注重队伍建设，提升心育教师专业化水平

强化专兼职心理教师的业务培训，提高心理教师的专业素养和实际水平。强化对班主任的心理专业知识培训，巩固班主任这支心理健康教育主力军的建设。打造全员育人的整体氛围，在各学科教学中渗透心理健康教育，全面提高教师整体的专业化水平。

2. 强化科研引领，推动心育向纵深发展

积极开展教科研工作，以科研为先导，加强课题研究，推动心理健康教育向纵深发展。学校可以“课题研究”的开展为契机，深入研究，做细做实，使心理健康教育提高到新的层次，迈上新的台阶。

3. 发挥专业优势，开辟学校心育新平台

结合新高考改革，在学校信息平台开发心理健康教育专栏，构建家校学习平台，拓展心理健康教育渠道，开辟学校心理健康教育的新途径。利用平台发挥学校的专业优势，提高学校的心理健康教育的整体水平。

云端相聚　共克时艰　双心陪伴　静待花开

——黑龙江省牡丹江市长安小学疫情期间开启线上心育新探索

情况概述

“双亲心育”是引领黑龙江省牡丹江市长安小学特色发展的办学理念。“双亲心育”——“双亲”心理健康教育实验研究，即学校领导、教师、学生、家长之间，相互亲近、相互学习、相互帮助、相互促进，形成教育合力，促进学生健康快乐地成长，构建和谐校园。2020年初，突如其来的新冠肺炎疫情，打乱了人们正常的生活轨迹，本应一家团聚的新年欢庆因全民居家抗疫而冷清寂寥。每一个中国人都时刻关注疫情动态，安心居家尽自己的力量与数万名奋斗在一线的医务人员共同抗疫。

长安小学在“双亲心育”特色办学理念下依托网络平台，开展多种线上活动，充分发挥宣传、引领、带动作用。与家长沟通，了解其工作生活中的苦恼；与学生沟通，排解其居家独处的困惑，从而形成了教师、家长、学生三位一体的互亲互助心育模式。持续、有序、多样地开展心理健康教育活动，让学生和家长在紧张的环境形势下稳定心绪，以积极的情绪进行居家抗疫，以阳光的心态静待花开。

主要做法

1. 靠网络，师亲生，解困惑

（1）以网络为载体，成立心理健康教育科研小组。居家抗疫期间，不少孩子单独和老人在家，因为他们的父母要么奋战在抗疫一线，要么在疫区被隔离。在这个特殊的时刻，没有父母在身边陪伴的孩子，难免焦虑恐惧、无助彷徨。针对这些情况，长安小学科研室加强了心理健康教育研究，成立了心理健康教育科研小组。科研小组的6位心理教师针对学生在疫情中的困惑和烦恼，录制了心理健康教育微课。

（2）打造“老师们的小屋”，进行个别心理辅导。班主任联合学校专业心理教师，为每个父母不在身边的学生建立了“老师们的小屋”微信群，当起了“临时妈妈”，通过每日早晚的关切，在“润物细无声”中走进每一个惴惴不安的心灵。熟悉的班主任关怀，专业的心理疏导，以慈母之心打造的“关爱小屋”，将浓浓的师生情通过无声的网络串联到每一个需要温暖的心灵。

2. 班为家，聚云端，促发展

（1）以班级为单位，师生云端相聚。为响应居家抗疫学习两不误的号召，学生学习的阵地转移到了云端。学校全体班主任通过微信、钉钉平台建立了班级交流群，为学生进行线上教学答疑的同时，积极关注学生心理成长的需求，倾听其心灵深处的呼唤，并从网络中找到童真童趣的视频或音频疏导学生内心的困惑，筑牢其心理堤坝。

（2）用活动分享生活，闪耀生命活力。班级交流群的活动在班主任老师的指导下如火如荼地开展，一种健康的生活方式和学习方式也在无声中浸润到每一个学生的行动里，使得学生闪耀出生命的活力。在群里，学生介绍自己作品时骄傲自豪，朗诵诗歌时认真投入，彼此交流学习生活经验时笑声爽朗。

3. 建小组，搭平台，共成长

（1）以兴趣建小组，搭建伙伴交流群。帮助学生实现自我价值是心理健康教育的核心目标之一。居家隔离的时间无疑是漫长的，春暖花开时学生却不能肆意拥抱自然，有人悲伤、有人焦虑。长安小学的学生为了让居家生活同样充满生机，通过网络平台，在班级内以自己的兴趣或需求各自搭建伙伴交流群。在小组内开展美味佳肴比拼、手工作品展示、亲子运动比赛等。

（2）以互助成长为目的，建立朋辈帮扶对子。为了实现更好的成长，班级中一些有爱心的学生与本班的留守儿童建立起一对一帮扶对子，讲题、解惑、聊爱好，童年的纯真与美好让时光变得格外绚烂。两个人在互相帮助的过程中，学习了知识，增进了感情，收获了友谊，实现了互助成长。

4. 家校联，多渠道，修心态

（1）以家校为脉动，培养良好心态面对人生。面对困难和挫折，培养孩子的积极心态显得尤为重要，正所谓“你的心态就是你的主人”。面对严峻疫情，长安小学以网络平台为依托，发挥家校合育的作用，带领2000余名少先队员开展了“双亲长安，心手相牵”系列活动。共同观看爱国主义影片，提升学生的爱国情怀；制作“病毒防疫”手抄报、拍摄亲子科学防疫宣传片、在短视频平台发布“防控倡议”增加学生的责任与担当；“好书推荐”与“亲子共读”作品展示让学生不虚度光阴；“快乐劳动初体验”劳逸结合让居家生活动起来；“共享国粹经典微课堂”使学生感受文化瑰宝的魅力；“关爱心理健康教育微课堂”减轻家长与学生的心理负担，有效进行心理疏导。

（2）有序开展系列活动，于云端处绽放精彩。长安学子手绘防疫版“思维导图”被学习强国、新华社客户端、牡丹江晨报以及牡丹江新闻综合频道纷纷报道和转载。二年级学生的儿童诗《哼！我一定要打败它》被新华社手机客户端报道，刊登当日浏览量达80余万次，被黑龙江日报和牡丹江晨报等主流媒体转载。线上系列活动的开展以学生带动家长、以家庭联系教师、以家校联通社会，让心理健康教育在网络平台绽放光彩。

延伸阅读

依托网络学习空间筑牢“双亲心育”基石

长安小学注重心理健康教育与学校其他工作的整合，营造和谐的心理健康教育氛围。结合学校的“双亲心育”办学特色，从教师、学生、家长三个层面同步实施心理健康教育。科学、规范地组织学校心理健康教育系列活动。在建立心理健康教育教师队伍和心理健康教育校本课程的基础上，还开展了以心理辅导为补充的心理品质训练活动。同时，长安小学作为2018年全国网络学习空间人人通培训基地，黑龙江省第一批网络学习空间人人通实验学校，在教育教学实践中始终以营造人人皆学、处处能学的网络学习氛围，提升师生的信息化素养。因此，在新冠肺炎疫情突然袭来时，长安小学能够快速反应，以网络平台为依托开展丰富多彩的线上心理健康教育活动。

“双亲”心理健康教育作为学校的办学品牌，是学校各项工作的基石，当它依托网络空间平台时发挥了新时代的教育魅力，长安小学的师生即乘云端之风在网络空间的学习与探索中不断精进与成长。

主要启示

1. 心理辅导在疫情期间的重要性

面对突如其来的疫情，不管身处在这场风暴的哪个位置，人们都感受到了由疫情严峻性带来的心理压力。心理辅导在疫情期间能够有针对性地做好人文关怀，彰显学生生命价值，激发学生生命潜能；还能通过沟通交流、转移注意力、积极自我暗示等方式消除学生的焦虑、抑郁、恐惧等负面情绪。

2. 开展线上心理健康教育的优势

居家防控时利用线上进行心理健康教育拓宽了学生的视野，为学生提供学习平台，学生可以自由选择适合自己的正能量内容，在线上进行学习交流。借助网络平台可以与他人进行倾诉沟通，开放的网络空间让学生敞开心扉地倾诉与咨询，能够有效地进行心理调适，改善不良情绪。线上心理健康教育拥有便捷性、包容性、开放性，这也是以后心理健康教育新的载体和途径。

3. 心理健康教育的融合性

心理健康教育不仅仅局限于心理专业辅导，可以是多角度、多形式、多渠道、多学科的融合。疫情期间，美育、德育、体育、劳育等多种活动都能舒缓学生的心理状况，这种打破时间与空间局限的方法，因材施教、因势利导、徐徐图之地进行有效的心理健康教育，正能够体现出心理健康教育的融合性。

网络连接你我　共筑心育之桥

——山西省太原市实验小学互联网＋心育实践

情况概述

随着时代的进步与发展，心理健康教育日益被人们所关注，山西省太原市实验小学作为山西省心理健康教育示范校，一直致力于心理健康教育工作的探索与实践。近几年来，随着互联网和信息技术的高速发展，心理健康教育也发生了显著的改变。传统的心理健康教育在某些方面，如档案建立、预约咨询、调查反馈等都需要消耗极大的人力物力，同时也受到时间和空间的限制。信息技术的进步让心理健康教育能够从更多的方面为师生和家长提供更高效更便捷的服务。近年来，太原市实验小学积极开展了互联网＋心理健康教育尝试与探索。

主要做法

1. 建立心理测评系统，使心理测评技术化、高效化

传统的心理测评是通过纸笔测试来了解学生的心理健康状况，既费时又费力。在“互联网＋”环境下，太原实验小学配备了专业心理测评软件，对全校学生开展心理健康测评工作，通过心理测评帮助学生更快捷

地建立心理档案，了解学生的心理状况，也能更好地对学生进行专业化的辅导。

每个学年初期，学校会建立新生心理档案，通过专业心理量表，及时了解学生的心理健康发展水平和状况，对有心理困惑及异常的学生，能够及时干预、有效引导，预防和减少心理危机事件的发生。

通过测评系统，了解学生心理状况的改变。除了对学生建立心理档案之外，学校还能通过测评系统追踪调查学生的心理状况调节程度。在学期初建立心理档案之后，有针对性地对有需要的学生进行相应的干预辅导，辅导之后根据学生的实际状况，再次通过系统对其进行后测，根据数据对比，了解辅导的有效性。

2. 智能云平台的建立，让辅导更有趣、更科学

学校引进的智能心理设备包括智能心理云平台、智能减压放松系统、M&P 智能多维互动积极心理训练系统、M&C 智能多维互动认知调节训练系统。这一套设备通过信息技术彼此联系，形成了一套心理测评、心理反馈、心理调节统一整合的智能设备。学生进行心理测评之后，其数据通过云端传输到智能心理云平台，对有需要的学生，云平台会为其下发详细的系统训练，如针对自信心不足的学生，为其下发智能多维互动积极心理训练项目，学生收到训练任务后，可以到心理活动室进行认知训练，随后认知训练的结果会传递回云平台，云平台通过传递的数据分析此次训练的有效性以及是否需要再次进行心理训练或辅导。

相较于传统心理辅导，智能云平台对于需要认知调节、放松训练等的学生，通过有趣的心理设备，可以进行有针对性的辅导，例如多维积极心理训练系统，它根据学生的心理状况安排相应的辅导内容，包括自信心提升、积极学习意志等，学生进入测试后，会通过人机对话及时反馈得到相应品质的提升。这种辅导方式是传统心理辅导的补充和延伸，有效地协助了传统心理辅导，也能够更加机动灵活地根据学生自己的时

间来进行训练。

3. 互联网 + 让咨询更便捷

（1）双向预约。心理智能测评系统实现了网上预约的功能，教师能通过测评系统下发预约信息到学生账户。心理档案建立之后，学生的信息汇总到测评系统，教师根据测评结果和反馈意见决定是否需要进行后续的心理辅导，对有需要的学生，通过系统即可通知到该生辅导的时间和地点，学生通过自己的客户端可收到教师的预约，按时前往咨询。这样既能够提高安排咨询的效率，也能够更好地保护学生的隐私。同时，咨询预约是双向的，学生也能通过自己的账户进行网络预约，这样能够更便捷地建立学生与心理教师之间的联系，更合理地选择咨询时间。互联网让咨询的预约功能变得更快捷、更科学也更安全。

（2）线上咨询。随着信息的深入人心，教师和学生的沟通已不仅局限于面谈和电话咨询，网络咨询是一种更方便和快捷的心理咨询方式，微信、QQ、钉钉等可以提供一个线上的心理咨询服务平台。在太原实验小学的咨询中，就有这样的方式，比如有些家长无法前来校园，学校就会安排微信咨询方式，缩短了时间和空间的距离。除此之外，邮箱也是一种进行心理辅导的方便途径。利用这些新媒体进行线上咨询，可以进一步提高咨询的便捷性。

4. 建立心理网站、利用公众号平台，科普心理知识

除了传统的心理健康宣传之外，太原实验小学的校园网设有专门的心理宣传栏目。通过网站宣传心理健康知识、推送心理健康文章、赏析心理电影，潜移默化地提高学生的心理健康水平。公众号的传播受众面积更大，在该校的公众号上，学校定期上传心理健康小课堂、心理健康活动、心理健康内容推荐等，在疫情期间，学校公众号每周上传两节心理健康小课堂，分别针对学生和家长当下所需的问题，给予针对性的指导和建议，

在整个疫情期间，学校共推送了20余篇原创心理公众号文章，科学合理地结合该校的实际情况，为学生和家长带来别开生面的心理知识，进一步提升了学校师生、家长的心理健康水平。

5. 运用网络技术，开展心理健康教育课程

心理健康教育课程是提升学生心理健康水平的重要途径。除了传统的线下心理课程外，还可以通过直播、录播、转播等形式为学生和家长普及心理健康知识。在疫情期间，学校开展了心理直播课堂，包括班会、新学期适应以及复课适应等内容，及时为学生传播心理健康教育相关内容。互联网课程能够让更多的人足不出户地学习网络课程，了解心理健康知识，掌握心理健康技能，提升心理健康水平。

6. 互联网＋让教师足不出户就能获得成长

教师的专业水平对学生的心理健康发展至关重要。除了传统的培训形式之外，网络培训也日益进入教师培训的行列。通过网络培训、远程培训、云端会议等，教师能够获得新的知识、得到新的技能，进而提高专业素养，更好地为学校心理教育工作添砖加瓦。网络心理培训不仅让心理健康培训的时间更灵活，受众更多，学习更便捷，也能够使心理教师不断重复回放学习，提高学习效率，进行有针对性的复习，更好地提升专业水平。

延伸阅读

互联网有效改进学校心育工作模式

互联网时代的到来，给学校的生活和工作都带来了很大的变化，在大数据媒体时代，心育工作同样面临着巨大的机遇。利用互联网进行

数据传输和沟通，改变了学校传统的心育工作模式。如今互联网已经成为日常生活中不可或缺的一部分，是人们进行信息交流活动的有效工具。它打破了空间的束缚，使人与人的交流更便捷，也更高效，使信息的传递也更快速。因此利用好互联网时代的特性，可以补充学校传统心育工作的局限，让心育工作多种方式前行，提高学校心育工作的效率和质量。

主要启示

1. 互联网 + 使心育工作打破地域和时间限制

心理健康教育与现代互联网相融合，能够打破地域和时间的限制，使心育工作更加便捷。时代在变化，学校的教育也应该随之而发生变化，利用互联网，补充传统心育工作受时间、地域以及人力物力的限制，让学校的心理健康教育可以随时随地、潜移默化地进行。

2. 互联网 + 为心育工作提供新的活力

互联网时代为学校的心理健康教育提供了新的活力，利用大众都能接受的互联网方式，为心育工作提供了更多的开展途径和方式。无论是课程、咨询还是心理档案的建设，都能够为忙碌的现代人提供更好的选择，因时因地因人合理进行。同时，多样的工作形式，也更能够吸引学生家长进一步了解心理健康教育知识，提升心理健康水平。

3. 互联网 + 让心育工作更高效

学校开展互联网 + 的工作，既要考虑时代性，也要考虑受众对于信息产品的接受程度和使用程度，采取更贴近本校的方式开展，以更好地发挥互联网的作用，使心育工作更高效，既减轻心理教师的烦琐工作，使其精力可以投入到真正需要的地方，又让受众群体多了选择，为学校的心育工作提供有力支持，让心育工作更高效。

三、课程与资源

叙说自我成长故事　激发共同前行力量

——上海市松江区仓桥学校学生心理实践活动

情况概述

上海市松江区仓桥学校的心理健康教育工作已走过了30多年的历程，并成为首批全国心理健康教育特色校。学校在前十年的初创阶段关注学生个体心理环境；再十年的发展阶段营造课题心理环境；近十多年进入提升阶段，探索校园心理环境。

2018学年开学不久，学校发现初三学生的学习动力不够足、碰到困难容易出现畏难情绪，并且刚接班的教师也不大认可学生。于是，学校发动师生一起去寻访一些学业成绩或行为大幅进步的学生自我成长故事，采用心理访谈形式将之录播，这些成为其他同学面对类似困难时的可贵资源。然后在班会课与家长会上，引导教师、家长与同学欣赏他们的成长故事，并互相鼓励，从而激发面对困难的勇气，一起努力向前行。

学校在寻找过程中，注意选用处于学力各层次的学生，不唯分数论，看重的是他们努力的程度、为同伴们带来的力量感。2019年中考，这些参与叙述活动的学生取得了不小的进步，表示叙述活动给了他们自信心。

主要做法

1. 关注的是成就故事，提高自我认同

进入初三学习阶段，教师与家长对于学生学习动力不足这一现象非常着急，这无可非议。难道学生不着急吗？不，他们也很着急，可他们听到的是责怪、责备或过多的教育，往往有力使不出。因为对学生的都是站在高高在上角度的评判，他们已经被贴上了“动力不足、容易出现畏难情绪”的标签。这标签似咒符，困住了学生的发展动力。

学校开展“我（你）的进步，我看见——叙说自我成长故事之心理实践活动”，注重挖掘学生过去的学习经验，让他们在叙述自己成长故事的过程中，看到自己的成功与信心，从而提高对自己的认可度。该活动将焦点放在成就故事上，引导学生利用自身已有的经验去丰富自己的故事，使之成为他们未来的发展方向。这样的心理实践活动激发了学生的成长动力，在学习中更有动力。

2. 将个人内在对话，转换为人际互动

在叙说自我成长故事实践活动中，心理教师与学生进行一对一访谈。通过如下对话帮助学生挖掘自己的成就故事：你在成绩或行为上的进步是什么？你是怎么做到让自己进步的？在最困难的时候，你展现了什么样的能力？这样的问题，让学生静下心来与自我对话，看到自己的努力和付出，甚至发现自己在困难时发展出来的、自己还没意识到的某种特质。

当学生发展出自己的成就故事后，学校考虑的是如何将这些成就故事在其生活中扩展，让更多的人看到。在他人见证下的成就故事会发展得更加丰富，他人的欣赏、鼓励和再传播，会给故事主人莫大的鼓舞，使其有更大的动力去丰富自己的成就故事。当心理教师问：如果有学生正在为克服同样的困难努力时，你会想要跟他们说什么？学生的回应充满了自信与

力量，同样会让别人受到鼓励。

3. 延展努力的成果，激发前行的力量

为了营造更加积极向上的学习氛围，学校将这些学生叙述的成就故事制作成短片，让更多的师生和家长知晓他们的成就故事。教师利用班会课组织学生观看成就故事短片，之后让学生写下感言：短片中最让你感动是什么？他们的哪些经验对你来说是很有启发或帮助的？如同滚雪球一般，个人的成就故事演变成群体的成就故事，这样的学习氛围也会激发个人的学习动力。

在此基础上，学校继续让这些成就故事发挥“魔力”，邀请家长、教师观看，同样让他们观后说说自己的感受。有的家长说想不到孩子们是如此的不易，但他们没被困难打倒。有的教师说是自己用放大镜去找了他们的不足，以后要学会用放大镜去发现学生的优势。如此，家庭教育和学校教育高度融合，也是因为这些成就故事深深地打动了家长与教师的心。当各方朝着同一个目标努力后，就会有激情与行动力。

延伸阅读

叙事心理治疗及其方法

叙事心理治疗又称为叙事疗法，是受到广泛关注的后现代心理治疗方法，操作性强、效果显著，具有较高的推广价值。它摆脱了传统上将人看作问题的治疗观念，透过“故事叙说”“问题外化”“由薄到厚”等方法，使人变得更自主、更有动力。通过叙事心理治疗，不仅在可以让当事人的心理得以成长，同时还可以让咨询师对自我的角色有重新的统整与反思。

（1）问题外化——将问题与人分开。叙事治疗的“外化”，就是将问题与人分开，把贴上标签的人还原，让问题是问题，人是人。如果把问

题和人看成一体，要想改变相当困难，改变者与被改变者都会感到相当棘手。问题外化之后，问题和人分家，人的内在本质会被重新看见与认可，人转而有能力去解决自己的问题。

（2）故事叙说——重新编排和诠释故事。叙事心理治疗主要是让当事人先讲出自己的生命故事，以此作为主轴，再通过治疗者的重写，丰富故事内容。心理学家认为，说故事可以改变自己。因为，人们可以在重新叙述自己的故事，甚至只是重新叙述一个不是自己的故事中，发现新的角度，产生新的态度，从而产生新的重建力量。简单地说，好的故事可以产生洞察力，或者使得那些本来只有模模糊糊的感觉与生命力得以彰显，为人们所强烈地意识到。对日常生活的困扰、平庸或是烦闷，把自己的人生、历史用不同的角度来“重新编排”，成为一个积极的、自己的故事。

（3）由薄到厚——形成积极有力的自我观念。叙事心理治疗是在消极的自我认同中，寻找隐藏在其中的积极的自我认同。叙事疗法认为，当事人积极的心理资源有时会被自己压缩成薄片，甚至到视而不见。如果将薄片还原，在意识层面加深自己的觉察，这样由薄而厚，就能形成积极有力的自我观念。

主要启示

1. 学会从优势角度去激发学生的内在动力

在传统的教育观念中，教师与家长需要指出孩子们的不足，这样可以更好地帮助他们进步。可久而久之，教师与家长养成了过于严厉的教育态度，在他们眼中常看到的是孩子需要改进的地方。这样，在不知不觉中师长与学生的距离越来越远，原本最了解学生的人，成了最看不到学生优势的人。

2. 利用多种途径将活动的效应最大化

“我（你）的进步，我看见——叙说自我成长故事之心理实践活动”能获得大家的赞赏，是因为学校尝试利用多种途径将活动的效应最大化。学校将学生的叙说制作成短片，让全体初三学生观看，既能让他们从中汲取经验，也使他们学着去看到自己以往的好经验与具备的优势。

3. 利用家长会去观看叙说故事发现孩子的闪光点

学校利用家长会去观看叙说故事，引导家长看到孩子的优势，并帮助孩子逐步提高自我认同。同时，学校将这些叙述故事在校园大屏幕上滚动播出，吸引学弟学妹驻足观看，鼓舞更多人去寻找自己的成长故事。反过来，那些叙述者看到那么多的人看到了他们，会更有努力行进的动力。

用我心　换你心

——南京师范大学附中江宁分校体验式心育促发展

情况概述

南京师范大学附中江宁分校从2011年开始创办国际课程班，主要有中澳班和中美班。分校国际部选择了天霖教育合作办学。中澳班为QS世界排名第46位的澳大利亚新南威尔士大学预科课程，学生完成预科课程学习后，去澳洲直接入读本科。中美班为瓦萨琪高中课程，采用全英文授课方式。选择该课程体系的学生更具个性，学生层次非常丰富，兴趣爱好特别广泛，自主意识相对强烈，心理问题也相对突出。学生未来要独自在异国他乡求学，更需要具备优秀的心理素质：独立，坚强，乐观。面对这样的生源以及教育现状，南师附中江宁分校国际高中确立了走“心”的国际高中体验式心育校本课程，并在实施过程中不断摸索和完善，培养新时代需要的国际化人才。

主要做法

1. 一体化的心育课程

（1）将心理辅导的理念渗透进班会课。校本心育班会课目前已经成为学校国际部心育的一个特色。学校的班主任集体备心育班会课，分工合作，心理教师提前培训上课班主任，然后利用班会课时间，以专题的方式开展活动。专题涉及“国际部新生入学适应教育”“自我认知”“青春期教育”“学习心理辅导”“生涯规划”“人际关系辅导”“情绪情感调节”“考试心理辅导”“挫折调适教育”“生命主题教育”等方面，目标是为学生的成长护航，为他们高中阶段的心理健康奠基。

（2）实用的毕业班心理必修课。学校坚持为高三学生开设心理必修课。对于时间紧迫的毕业班学生而言，如何高效利用宝贵的课堂时间是心理教师不断探索与研究的课题。该专题有“形形色色的记忆方法”“考试焦虑与超越”“情绪你我他”“学会解决问题”等。在学校的努力下，心理课成了高三最受欢迎的课程，陪伴一届又一届的毕业班学生走过人生中的重要时刻。

（3）活力四射的学生心理社团课。国际高中的心理社团由学生发起并组织开展，以学生为主体，学生自己制订计划、落实计划、撰写心得、总结报告、展示成果；班主任和心理教师给予指导完善。学生根据兴趣组建了“校园心理剧”“趣味心理学”“留学心理沙龙”等心理社团。活动主题由学生自选，主要来自学习与生活中的实际心理问题。

（4）发展提升的心理选修课。心理选修课面向国际高中部分对自己的心理成长有更高发展要求的心理学爱好者开设，学生自主报名参加。该课程拓展了学生的知识面，通过深入探究心理学理论，加强心理技术训练，采用活动的方式，引导学生参与和分享，强调体验，紧密结合学生学业与生活实际，促进了学生综合素养的提高和学科兴趣的提升。目前学校开设的选修课有“沙盘游戏体验”“经典中外心理电影赏析”“自我认知与生涯规划”等。

2. 保驾护航的心理个辅和团辅

（1）个性化的个别心理辅导。个别心理辅导帮助解决个别学生的心理困扰。学生通过预约来到心理咨询室，心理教师通过倾听学生的倾诉、宣泄放松、沙盘游戏等多种方式帮助学生学会悦纳自己，处理人际关系，缓解压力，找到解决问题的方法，促进健康成长。通过个性化的心理辅导，学校不止一次地化解学生的心理危机，甚至挽救学生的生命，为他们的健康成长保驾护航。

（2）“深入灵魂”的心理团体辅导。学校针对国际高中不同问题类型的学生群体，以解决学生群体中存在的某一类共性心理问题为目标，开展团体心理辅导活动。被学生戏称为“深入灵魂”的团体辅导，由经过培训的班主任、心理教师带队，在课余开展团辅活动，在学生群体中反响强烈。

3. 丰富多彩的心理活动

（1）“自我认知与生涯规划”活动。你为什么选择国际高中？如何在国际高中获得更好的发展？短期目标和长期目标分别是什么？生涯指导既从培养社会人才的角度出发，又从最大化实现个人价值的角度出发，指导学生在学习生活中更有效地发挥潜能，更深层次地激发学习动力：不是家长希望我走出国这条路，而是我自己适合并且想要去国外读书，从而为其在国际部的学习生涯注入持续的动力。

（2）“心理健康宣传月”活动。5 月 25 日，一个特别的日子，谐音即为“我爱我”。国际高中每年都在 5 月开始自己的“心理健康月”。这一个月，学校密集地开展一系列心理健康教育宣传活动，例如以“心理健康”为主题的升旗仪式、黑板报、班会课、讲座、广场心理咨询、团体心理辅导等。

（3）“心理讲堂”活动。针对国际高中学生不同发展阶段中出现的现实问题，邀请相关人士在不同的范围内开展“心理讲堂”活动，例如，由心理教师面向高三全体学生的“某某大考考前心理辅导”讲座等。这样的讲座，满足了学生现实的具体的心理需求，在学生中引起强烈的心理共鸣，广受好评。

（4）“同辈心理辅导”活动。国际高中的班级“小小心理咨询师”主要角色是作为学校心理教育的重要辅助力量，协助班主任、专职心理教师开展面向全体学生的心理知识宣传和普及工作，提高学生的心理健康水平；关注同学，并能及时发现同学中的异常现象，采取恰当及时的措施帮助同学。该自活动开展以来，受到了国际高中学生的欢迎和好评，有效地遏制了校园心理危机事件的发生。

（5）“特殊慢递”活动。在每年高一快要结束的阶段，学校组织学生写一封“写给未来的信”，写下对自己的期待和祝福。在大考最辛苦难熬的时候，曾经的那份来自自己的鼓励重新回到手中，再附上一份来自班主任或心理教师的温暖回信，那会是一种什么样的惊喜？这样的创意诞生了国际高中特别的“慢递”服务，师生的情谊也在信件中交融。

延伸阅读

体验式教育

体验式教育是一种全新的培训和教育形式。它最早源自库尔特·汉恩的外展训练学校（Outward Bound），通过野外训练让参加者提升生存和人际能力，改善人格和心理素质。学校试图通过国际高中体验式心育校本课程关注学生的心理健康，走进学生的心理世界，用我心换你心，实现育人目标。南师附中江宁分校国际高中创办之初，就秉承南师附中的百年办学传统——重视学生心理健康，心理健康教育在国际高中发展中也始终处于举足轻重的位置。有学生曾经这样评价学校的课程：“在众多的课程中，也许心理课最不起眼，它不用考试，不涉及升学。但是我非常喜欢上心理课，心理课教会我们更爱自己，教会我们友好相处，教会我们快乐生活……这是一门关系幸福的课！”

主要启示

1. 促进国际课程发展，提升学校办学品质

南师附中江宁分校国际部目前已成为南京市最好的国际课程项目，是南京乃至江苏范围内国际课程名片。学校办学品质的提升与心理健康教育全面渗透国际高中课程密不可分。

2. 利于学校健康发展，优化学生心理素质

从心理咨询室反馈的数据来看：开展国际高中体验式心育校本课程以来，国际高中学生的心理咨询数量保持在平稳状态，符合学生心理发展实际状况；心理危机事件发生概率呈下降趋势，学生整体心理健康水平良好。

3. 发现学生个性特长，探索别样人生之路

国际高中体验式心育校本课程在关注学生智能发展的基础上更注重学生个性化发展，为每一个学生寻找最适合的发展道路。中澳班 2021 届毕业生申请世界前 30 强顶尖名校 100%达线。中美班 2020 届 42 名学子累计 247 份录取通知书，近 70%的同学被全美前 50 强或世界同等水平院校录取。

积极关注　以心辅心　助力成长

——黑龙江省佳木斯市第八中学团体心理活动课务实操作

情况概述

高中阶段正处于青春期中晚期，是青少年学习能力、价值观发展和自我调节能力培养的重要时期。黑龙江省佳木斯市第八中学经过前期心理调查反馈情况，发现高一学生在心理发展中存在以下特征：一是对未来缺乏规划和理性思考，甚至对未来毫无想法。二是对自我和未来的情感总体是积极的，但还未明确个人的价值观。三是受网络自封性的影响，价值观不稳定，随网络潮流影响变更速度快。

综合本校学生的心理发展特点，以及心理健康教育要求——帮助高中生树立人生理想和信念，形成正确的世界观、人生观和价值观的具体目标要求后，学校心理教师设计了“人生价值拍卖会”心理团体辅导课。该课以体验式活动为载体，通过心理团体辅导课提升学生心理健康水平，促进学业提升。

主要做法

1.“人生价值拍卖会”心理团体辅导课具体设计

（1）介绍拍卖会规则。（每名学生手中有5000生命币，由自己的时间和精力折合而成；同学之间不可以借钱，不可以转卖拍品；每件拍品均有底价，有拍卖师提前告知底价，每件拍品在底价基础上加价，加价必须是100的整数倍，价高者得。若以此出价5000元，立即成交。若同时有若干学生出价5000，则由最先出价的学生获得，若无法分辨最先出价者，则接受考验，最后经受住考验的学生获得拍品。拍品顺序由拍卖师决定，一经出售拍品，概不退换。）

（2）拍卖活动进行。（共有16只拍品，在明白规则后，学生对想要竞拍的拍品有了一定的规划。）在活动进行中，有以下几个瞬间令人印象深刻：

“自信”拍品，被一名女生迅速出价5000获得。

这是在整场拍卖中出现的第一个被出价5000的拍品，并且，是非常勇敢的一道女声喊出的：“5000！”周围的学生会有人质疑“自信”为什么要花5000买，但是采访拍品获得者的这位女生时，她提到自己在平时的生活里干什么都没有自信，觉得自己不行，所以在拍品中看到这一项时，就下定决心一定要拥有！然后，她做到了，她很开心。

“财富”拍品引发了学生之间的思考与辩论。

以最高价拍得“财富”的学生，在接受获得拍品后的采访时提到，他觉得拥有财富，追求财富可以完成很多想要完成的事情，也可以帮助更多的人去完成很多事情或者梦想。

在采访的过程中，有学生提问：“拥有财富，比亲情更重要吗？比如说，可以换回父母的生命和健康吗？”获得拍品的学生回复：“你的问题我不确定，但我可以确定的是，如果我拥有足够多的财富，那么我可以决定很多人的生命和健康。”在辩论过程中，教师并没有过多地干预，因为在一个合理的可控课堂范围内，学生勇敢地表达自己的想法，进行思维碰撞，有助于学生发展积极思考的品质和能力。

“爱情”拍品有众多学生同时出价5000，在经受了考验后，由一名女生最终获得。

“爱情”这一拍品出现时，同时竞价5000的人极多，无法准确分辨第一位是谁，所以，设置了“加试考验”，考验的第一关就是时间，一周之后，教师再次提出“爱情”拍品时，参与竞拍的人数锐减，仅剩两名女生选择继续。接下来是加试的第二关，在规定的极短时间内，两名女生背诵指定内容的知识点。在接受挑战的过程里，其中一名女生一直在说自己不行，她做不到，而且周围的同学也在说她平时连背课文都费劲。但是，教师作为观察者，能够在整个活动中观察到的是，即使这个女生嘴上说自己不行，但她一直在行动，一直没有放弃，在认真背诵、认真参与竞赛，并且最终成为那个获胜者。

在采访拍品获得者时，心理教师将自己刚刚观察到的感受分享给了获得者，并表达了对她的鼓励，希望她能够在未来的学习中遭遇挑战时，记得这一次活动中自己为了目标努力付出的过程。该学生表示，她很感动，并且也愿意继续努力。

（3）拍卖活动后的总结与分享。

学生1：竞拍虽然只是游戏，但我还是觉得，很多时候，应该更勇敢一点，因为往往在犹豫的时候，我就与这件拍品擦肩而过，成为一种遗憾了。所以在生活中，要更加果敢一些，争取不错过自己想要争取的，不要让我的生活留下遗憾。

学生2：我一直认为，我是一个很没有自信的人，所以对待“自信”这件拍品的时候，我志在必得，也就大胆喊出了5000，最终我勇敢地获得了。以后一定要努力！而且，老师说对我印象很深刻，并且告诉我在努力争取的时候，我爆发出了强大的自信，她在我身上看到了自信的力量，原来我并不缺乏自信，只是自己还没留意。这一次我感受到了，我将记住这样的瞬间，这样的感受，以后努力积攒更多的自信。

学生 3：从未有老师告诉我，当我认真背书的时候，我整个人都是在发光的，原来我的认真会被发现，原来我隐藏在“我不行”这个借口下的真正想法是：我想做到。我也可以被发现，我觉得自己被理解了，很开心。

（4）活动后的追踪反馈。

在活动过程中，心理教师对最终获得“爱情”拍品的学生产生了积极影响，而这名学生在接下来的发展趋势也比较符合罗森塔尔效应，无论是成绩排名还是任课教师的反馈，都表明该名学生在积极转变。

2. 激发学习兴趣，提升学习质量和心理健康水平

兴趣是学习的内在动力，提高心理课的趣味性，有利于激发学生的学习动机，对活动采取积极主动的态度，从而提升其心理健康水平。

3. 以学生为中心，关注其心理健康状况

心理课要以学生的直接体验为中心，关注学生当前的心理状态，以促进学生心理健康发展为目的来设计和组织实施。

4. 以真诚、平等的态度对待学生

心理课要“用心”“真心”，充分接纳和尊重学生。

延伸阅读

如何通过有效的课堂教学促进学生心理健康发展

首先，课堂教学的内容设计要考虑到全体学生的共同需要。如国外心理健康课堂教学内容跨度较广，责任教育、情感教育、自我探索和成长、

正确认识自己、提升面对困难的心理素质以及社会情绪学习等，这些内容是每位学生在发展过程中都会遇到的主题。我国中小学心理健康教育课程，也基本上涉及了以上的内容。未来要做的工作是怎样更系统更有层次地呈现不同的教学主题。

其次，课堂教学的呈现形式和侧重点要各具特色。研究者通过对我国中小学心理健康服务方法的调查发现，总体而言，教学方法中应用最多的是讲授法，这容易造成心理健康教育课程学科化的倾向。心理健康教育课应以活动和体验为主，根据课程需要，以班级或小组为单位，结合心理自测、角色扮演、情景模拟、游戏活动、讨论辩论、心理训练等多种方法，融入舞蹈，戏剧、绘画和音乐等艺术元素，让全体学生充分参与其中。通过这些方法的应用，激发学生积极的心理体验，经由体验获得领悟或促进行为上的变化，即体验式教学的有效应用。

最后，要不断丰富心理健康教育课程的类别，在面向全体学生设计教学内容的基础上，逐渐开发和开设有针对性的特色课程。

主要启示

1. 激发学生积极的心理体验，获得领悟或促进行为上的变化，提升教学效果

心理健康教育课应以活动和体验为主，根据课程需要，以班级或小组为单位，结合情景模拟、游戏活动、讨论辩论等多种方法，让全体学生充分参与其中。

2. 充分发挥学生的主动性和积极性，提升学习绩效

心理健康服务模式重视以学生自身的发展性需要为出发点，根据他们的心理发展规律和成长需要，提供相应的心理健康服务，即强调提供适合

学生发展需要的心理健康教育。

3. 做好课前准备工作，提升课堂效率

课堂教学是一项系统的、综合性的活动，成功的课堂教学是多种因素有机结合的结果，心理教师做好充分的课前准备对于开展有效的心理教学、提高心理课的课堂教学质量有着举足轻重的作用。

4. 教师要充分发挥自己的聪明才智，展示课堂评价的魅力

教师在对学生发言的理解上，要以更清晰、准确妥帖的语句重新表述，同时核对传递的信息准确性，此外“情感反应”也非常重要，教师要敏锐而准确把握学生的情绪体验和感受。情感反应的目的是帮助学生将无法清晰表达出来的情感，通过教师的反馈，变成自己能够清晰识别和觉察到的一种情感线索和情绪体验，从而促进学生进一步自我探索。

“一主两翼八项三层”“青·心”心育课程体系

——辽宁省大连市青泥洼桥小学以心育课程优化办学品质

情况概述

辽宁省大连市中山区青泥洼桥小学具有百年办学历史。学校秉承“品质立校、品位育人”的办学理念，努力实现“为每一位学生的品质人生奠基!”的教育梦想，并将“培塑品位师生，践行品质教育，打造品牌学校”作为办学目标，全面实施“品质教育”。

2005年，青泥洼桥小学依据教育部《中小学心理健康教育指导纲要》精神，建立了心理健康教育工作室，配备专职心理教师。2007年，成为大连市第一批心理健康教育基地校。伴随着品质教育的不断深化，学校逐步将心理健康教育作为学校发展的工作主线，架构学校独有的“一主两翼八项三层”的“青·心”心育课程体系，并以其独有的魅力推动了学校的整体进步，促进了办学品质的优化。

学校在心育的探索与实践中凸显了区域引领示范作用，且相关课题研究成果先后发表在《中小学心理健康教育》《大连教育》《新课程》等刊物上。此外，学校经常承办省、市心理健康教育系列展示及交流活动，接待国内国外同行，相互分享交流20余次。学校相继被评为大连市心理健康教育示范校、大连市德育优秀案例、大连市家庭教育示范校、辽宁省心理健康教育先进单位等，2017 年被评为全国中小学心理健康教育特色学校。

主要做法

1. 确定“五品十会”的育人目标，建构心育课程体系

青泥洼桥小学在全面架构心育特色课程的过程中，将核心素养放在目标体系的正中央，确定了青泥“五品十会”的育人目标（见右图），这是核心素养的校本化表达，也是该校独有的心育课程DNA 密码。

遵循学校的育人目标，青泥洼桥小学度身定制了“一主两翼八项三层”的“青・心”心育课程体系（见下页图）。

（1）“青・心”。“青・心”二字明确了青泥洼桥小学以心理健康教育为工作核心，又取其谐音，表明一切工作向心育倾斜的态度和决心。

（2）“一主两翼”。“一主两翼”是指以“心理健康教育”为学校工作主线，以显性心育课程和隐性育心课程为两翼。显性心育课程是指学校教育中有计划、有组织实施的心理健康教育专门活动。隐性育心课程是指心理健康教育与学校教育教学相融合，全面有效实施心理健康教育的载体。

（3）八项。八项为显性心育课程的心理健康教育课、发展取向的团体心理活动、问题取向的心理辅导三个项目，及隐性育心课程的管理文化、

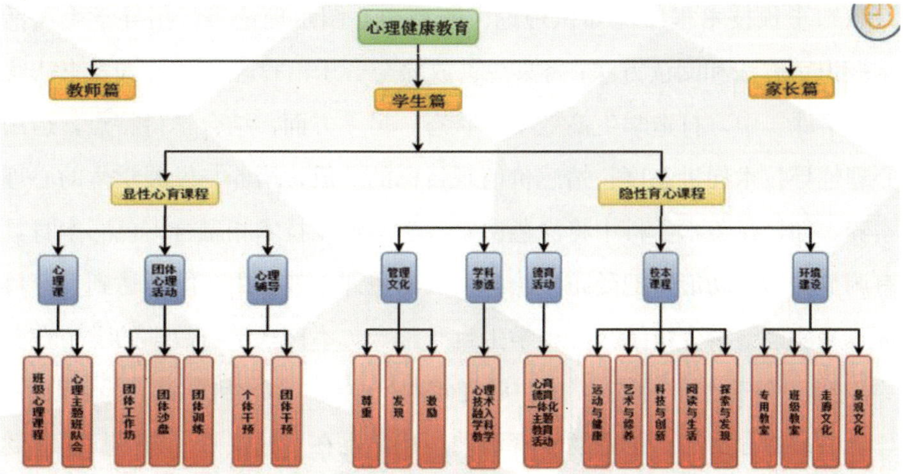

学科渗透、德育活动、校本课程、环境建设五个项目。

（4）三层。三层是分别从学生层面、家长层面和教师层面建构课程。本案例仅从学生层面开设的课程进行介绍。

2. 显性课程具体内容与实施

（1）心理课，包括专职心理教师实施的班级心理课和班主任实施的心理主题班队会。

（2）团体心理辅导活动，包括团体工作坊、团体沙盘和团体训练。

（3）心理辅导，包括个体干预和同质的团体干预。

3. 隐性课程具体内容与实施

（1）管理文化。在隐性育心课程中，学校首先制定了“尊重、发现、激励”管理文化，营造出育心课程文化的“场”，以“场效应”给师生精神力量的感悟。

（2）学科渗透。青泥洼桥小学根据各个学科的特点从两方面将心理技术融入学科教学。一方面，运用心理辅导技术促进学科知识能力目标有效达成，提升课堂教学质量，如，语文学科识字教学、阅读教学等运用元认知干预技术程序性知识理论、题型中心图示理论等，指导学生灵活掌握识字方法和阅读方法；将冥想、放松与音乐治疗融入古诗词及书法练习“早课”中，打造学生高效学习状态。另一方面，结合学科特点，运用心理辅导技术促进态度、情感价值观目标的达成，培养与发展学生的心理素养。如，在美术学科中将涂色课堂教学与绘画技术相融合，色彩本身具有调节情绪的功能，把曼陀罗绘画引入涂色课堂教学中，既能达到美育目标，又能调整学生情绪，促进学生自我整合。不喜欢学习数学的学生在全身心投入“我轻松学习数学”的主题曼陀罗绘画后，数学厌学情绪显著改善。

（3）德育活动。①主题教育活动。让学生在“礼仪月”“感恩月”“健康月”等月份主题活动中，达到会自控、会感恩、会合作等心育目标；在“读书节”“体育节”“科技节”“艺术节”“心理节”等节日主题活动中会读书、会运动、会创造、会担当等。②家校活动。办好家长学校，拓宽心育渠道，形成家庭、学校教育的合力。③道法课学科实践活动。通过学习与调研，学校以开展道法课学科实践活动的形式，来落实思政课的学科育德目标，实现德育心育一体化。如，以二年级道德与法治学科教材《欢欢喜喜迎国庆》教学单元为主题来源，开展“红领巾与祖国一同成长”的主题教育活动，细化出读一本手册、看一段队史、敬一个队礼、做好一项常规、有一次实践、开一次队会、许一个心愿、秀一张照片“八个一”系列实践活动。

（4）校本课程。学校结合五品十会的课程育人目标，精心打造五大类心理特色校本课程：运动与健康类课程，以体强心、心旷神怡；艺术与修养类课程，以艺养心、心平气和；科技与创新类课程，以心促创、静心启智；阅读与生活类课程，以文畅心、赏心悦目；探索与发现类课程，以爱育心、心存高远。

（5）环境建设。学校发挥了环境文化在心育过程中的熏陶暗示作用。每层教学楼各有自己的心育文化体现。一楼：办学理念＋足球体验区；二楼：学生文化＋心理特色区；三楼：教师文化＋绘本阅读区；四楼：特色文化＋书法静心区；五楼：课程文化＋音乐分享区；六楼：图书阅览＋器乐表演区。让墙壁会说话，使学生在不知不觉中自然而然地受到熏陶、暗示、感染，起到无声胜有声的教育作用。

延伸阅读

多途径多方式开展心理健康教育

心理健康教育的途径和方法。学校应将心理健康教育始终贯穿于教育教学全过程。全体教师都应自觉地在各学科教学中遵循心理健康教育的规律，将适合学生特点的心理健康教育内容有机渗透到日常教育教学活动中。要注重发挥教师人格魅力和为人师表的作用，建立起民主、平等、相互尊重的师生关系。要将心理健康教育与班主任工作、班团队活动、校园文体活动、社会实践活动等有机结合，充分利用网络等现代信息技术手段，多种途径开展心理健康教育。

开展心理健康专题教育。专题教育可利用地方课程或学校课程开设心理健康教育课。心理健康教育课应以活动为主，可以采取多种形式，包括团体辅导、心理训练、问题辨析、情境设计、角色扮演、游戏辅导、心理情景剧、专题讲座等。心理健康教育要防止学科化倾向，避免将其作为心理学知识的普及课和心理学理论的教育课，要注重引导学生心理、人格积极健康发展，最大程度地预防学生发展过程中可能出现的心理和行为问题。

主要启示

1. 规范课程组织管理，建构课程研发机构

青泥洼桥小学心育课程体系建设以《中山区中小学心理健康教育工

作暂行办法》为指导，全面贯彻学校办学理念、办学宗旨。以校长为龙头，各部室、全校教师参与，设立课程开发主任，成立课程开发小组。以心理健康教育工作室为引领，在全员参与基础上，实行规范而实效的课程管理。

2. 课题研究先行，推动心育课程研发

申请国家、省、市专项课题，通过课题牵动，促进教师行动研究，推进心育课程研发与实施，并在此过程中不断提升教师的心育能力。

3. 团队共进，推动课程研发与实施

心理教师、各学科教师发挥各自专业优势，共同探索学科教学的课程目标、课程特点，学习心理辅导技术，推进心育学科渗透课程的研发。心理教师与学科教师共同备课，走进课堂，共同实施学科渗透。

4. 课程评价促学生个性发展

课程评价从促进学生发展入手，重视学生兴趣和能力的培养，使学生积极主动而心情愉快地进行学习，充分发挥学生的创造性和个性特长。

爸爸妈妈，请听我说……

——广东省中山市东区郎晴小学亲子关系辅导主题活动模式构建

情况概述

2020年5月，新冠肺炎疫情得到全面控制，学生结束了长达四个月的居家防疫及线上学习，陆续返校复学。然而，疫情之下的居家隔离，让学生和家长相处的时间变长，疫情及网课引发的焦虑和矛盾增多，亲子关系引发的问题愈发凸显，对学生心理健康的影响较大。因此，亲子关系更加需要关注和引导。

然而，由于疫情防控常态化的需要，家长不宜进校集中开展活动。因此，中山市东区朗晴小学抓住互联网时代的便利，巧妙运用微信公众号、校园电视台等媒介，采取线上线下、校内校外相结合的方式，开展了入心、有效的“爸爸妈妈，请听我说……”亲子关系辅导主题活动。

活动鼓励学生积极倾诉，主动探寻改善亲子关系的方法，获取来自家庭的力量和支持，培养感恩、宽容等积极心理品质，同时引导家长重视和谐亲子关系的构建，面对并积极解决亲子关系中的问题，加强对孩子的心理疏导，帮助孩子应对疫情期间可能遇到的各种心理危机。

主要做法

1. 主题心理课“我和我的家”——共同关注，问题调研

心理教师开设“我和我的家”主题心理课，引导学生感知家庭的温暖和支持，鼓励学生说出亲子关系中的烦恼，以及想对爸爸妈妈说却不敢说的话。心理教师在课堂中收集学生亲子关系的烦恼、想对父母说的话。

2. 主题展板互动“爸爸妈妈，请听我说……”——聚焦问题，激发共鸣

（1）先制作展板一“爸爸妈妈，请听我说……”，并投票。① 心理学科组教研，结合日常个案情况，从收集到的学生亲子关系烦恼中，筛选出最具共性的20条。② 将筛选出的共性烦恼，转化为学生想对家长说的话，制作成“展板一”，供学生投票。③ 学生投票，选出最具共鸣，最想对父母说的十句话。

（2）学校公众号推送学生选出的十句最想对父母说的话，再由学校公众号推送文章《爸爸妈妈，请听我说……》：

亲爱的家长：

在孩子的生命中，您是多么重要的人啊！您养育孩子，陪伴孩子成长，努力让孩子健康、快乐！

您无私的爱，引导着孩子一路成长一路收获；您温暖的陪伴，鼓励着孩子跨越一道道挫折。

亲子相处的时光，那么和美、动人。

却也少不了无奈、困惑。

但最无私最不计较的爱是父爱与母爱。所以，亲爱的家长，您一定会用心倾听孩子的声音，一定会用爱填满孩子的遗憾。

以下是孩子们最想对您说的话，相信，您会带着爱与思考，去聆听孩子的心声。

Top1：请不要总说别人家的孩子好。

Top2：爸爸妈妈，希望你们不要那么忙，早点回家。

Top3：希望爸爸妈妈每天给我一点零花钱。

Top4：希望爸爸妈妈不要因为成绩打我、骂我。

Top5：爸爸妈妈，请不要给我那么多额外的学习任务。

Top6：爸爸妈妈，为什么和我说话时，您要看手机、做家务，或者不认真听我说？

Top7：爸爸妈妈，您工作忙或者不顺心的时候，请不要把情绪发泄到我身上。

Top8：为什么和弟弟妹妹发生矛盾时，您总是怪我？

Top9：爸爸妈妈，希望您更理解我，更信任我。

Top10：希望爸爸妈妈变温柔，用温和的方式与我沟通。

亲爱的家长，您听见孩子的内心了吗？您如何看待孩子的烦恼？您有什么感受？您想对孩子们说些什么？您想给孩子们和家长们什么建议？

诚邀您点击文末“写留言”，把想说的话留言给我们，我们会选择合适的机会和方式，转达给有需要的孩子和家长。

亲爱的家长，让我们一起，用真心、用真爱，陪伴孩子成长！

3. 家校、亲子互动，探寻亲子相处妙招——多方努力，解决问题

（1）家长袒露心声，关注亲子关系。全体家长将自己的感受、想对孩子或家长说的话，在学校公众号后台留言。学校精选家长留言在线发布。

（2）孩子展开思考，改善亲子关系。将选出的亲子烦恼 top10 制作成

“展板二”。鼓励学生支招，并将妙招写在卡片上张贴在“展板二”。

（3）专题展板引导，和谐亲子关系。精选家长留言，制作成“展板三”向学生展示。制作专题“展板四”：如何与父母相处？

（4）邀请专家支招，提供专业指导。邀请亲子心理专家支招，指导学生和家长改善亲子关系，并录制成视频。

4. 拍摄专题节目，提升活动实效——专题节目，总结引导

（1）拍摄专题节目，用更直观的影像，引导学生和家长关注并重视和谐亲子关系的建立。主要内容如下：

采访 1：在与父母相处的过程中，哪一个瞬间让你觉得特别幸福？

采访 2：与父母的相处中，最不满意或者最想改变的是什么呢？

采访 3（展板一前）：同学你好，你选了哪一个呢？

采访 4（展板二前）：同学你好，在亲子沟通方面你有什么好建议给同学们？

采访 5（家长代表）：看到孩子们的心里话后的感受以及想对自己、孩子们、家长们说的话。

采访 6（心理专家）：在亲子关系方面，给家长和学生的建议。

（2）节目制作完成后，全校各班观看专题节目《爸爸妈妈，请听我说……》，并谈谈自己的感受、收获。

（3）学校公众号推送专题节目，邀请家长观看。

5. 拓展延伸，守护孩子成长——课程与辅导，拓展与守护

（1）各班上主题心理课“拥抱不完美的家”。

（2）跟进需要辅导的学生和家庭。

6. 成效与创新，把关爱落到实处

后疫情时代，亲子关系亟须关注和改善。如何在疫情防控的前提下，

突破时空和心灵的界限，有效地改善亲子关系？该活动着力解决学生当前最大的心理需要，其内容与目标具有时效性和创新性。同时，活动以线上线下、校内校外相结合的方式，以学校公众号、校园电视节目为载体，实现了亲子、家校之间真挚的互动与对话，触动了学生和家长的心灵，并启发了思考。

该活动致力于鼓励家长和孩子发自内心地倾诉、思考、沟通。亲子富有冲击力的心声、具有直观性的专题节目，更是直抵内心，引发思考，有效改善了亲子关系，对后疫情时期学生的心理问题起到了极大的预防作用。同时，活动前后的专题心理课与心理辅导，也在很大程度上提升了活动成效。

延伸阅读

疫情与亲子关系

疫情防控期间，一些家庭的亲子矛盾凸显出来。很多人把冲突的原因归结为疫情的发生。其实不然，亲子矛盾并不一定只是由疫情导致的。亲子冲突从过去的“隐而不发”到疫情时期的“集中爆发”，正是原有亲子问题的延续与呈现，疫情只是恰逢其时的导火索而已。疫情之所以能成为亲子矛盾的导火索，很大程度上是因为疫情产生后居家隔离大幅增强了亲子互动的时间与频率，亲子间价值观、生活习惯等差异处于长期和密集的暴露状态。此外，疫情使家庭成员很大程度上处于社交隔离及应激的状态，家长和孩子在认知、情绪与行为方面都可能产生不同程度的困扰或退行，再加上亲子内在需要的冲突、亲子沟通技巧的缺乏、情绪管理能力的不足，疫情期间亲子矛盾的集中喷发便在所难免。因此，疫情之后，学校需开展适时的亲子关系教育与辅导，积极为亲子间创设有效、深入的沟通途径，引导家长与孩子积极探索亲子沟通的技巧，努力构建和谐的亲子关系。

主要启示

1. 亲子活动设计需符合心理需要且入心、用情

本活动之所以效果显著，是因为内容切合学生和家长迫切的心理需要，且搭建了平台，促进家长和学生勇敢、真诚、发自内心地沟通。可见，开展心育活动时，内容的选择与形式的设计，需符合学生真实的心理需要，且形式要入心、用情。

2. 孩子也需为改善亲子关系而努力

改善亲子关系不仅是家长的事情，孩子也应努力。本活动鼓励学生积极主动为改善亲子关系支招，孩子的思考令人感动，也颇具实效。

3. 善用现代信息技术开展亲子活动

家长进校集中参加活动并不容易，学校可运用好本校公众号、校园电视台、各类家校沟通平台等，进行在线互动，再结合触动人心的活动设计，让更多的家长更深入地参与活动。

乘着音乐的翅膀飞翔

——安徽省肥西师范学校以音乐疗法促学生心理健康成长

情况概述

2020年5月，学生刚刚返校开始新一轮的校园生活。学校心理辅导教师便接受了一名女学生的主动咨询。该女生名叫丽丽，17岁，学前教育专业二年级学生，自述近一个多月来，失眠、情绪低落、与舍友相处不融洽，主动前来寻求帮助。经进一步了解得知，该生性格内向，平时总是一个人做事情，在班级几乎没有朋友，想要和舍友一起参与活动，但又不知道如何相处，感觉舍友都不愿带自己玩。希望通过咨询不再失眠，能和舍友玩到一起，不再是孤孤单单一个人。初步分析确定，该来访学生因不知如何与人交往而引发一般心理问题，学校心理教师采用了音乐疗法加以辅导。心理教师首先帮助来访学生在音乐中说出自己的故事；其次，教会来访学生在音乐中学会放松自己；最后，引导来访学生在音乐中重建自我。经过一个月的音乐治疗，丽丽学会了寻求家庭的支持，初步掌握了一些与同学交往的技能，能在安排好学习的同时，更好地融入到校园生活中。

主要做法

1. 帮助来访学生在音乐中说出自己的故事

音乐疗法的核心是用音乐做来访者流畅的情绪载体。来访者自身的情绪倾向会决定着他聆听乐曲的感受。“这首歌曲像你的故事一样，音乐结束告诉我你都听到了什么？”一曲《斯卡布罗集市（口哨版）》听完后，丽丽说出了自己的感受：忧伤、着急、想哭。“这首歌就像你的故事一样，发生了什么事情吗？”“这学期开学以来，我经常会晚上失眠，现在越来越严重，有时到凌晨两点还没睡着。现在自己很焦虑，每到晚上就担心失眠。”接着，丽丽缓缓道出了自己的成长故事：从小与爷爷、奶奶一起生活，听说在自己几个月大的时候，爸爸妈妈就外出打工了，后来，爸爸妈妈离婚了。现在，有了一个新妈妈和弟弟。有时候，爸爸、妈妈、弟弟和自己，一家四口感觉也挺好的……以音乐为载体的心理互动是可以多层面展开的，而且，借助音乐的镜子可以投射内心被压抑的不能表达的内容。在又一次聆听过乐曲之后，丽丽终于承认：那个真实的自己，其实一直认为身边的大多数人都是不可信任的。

2. 教会来访学生在音乐中放松自己

（1）帮助来访学生感受压力。每个来访学生都有一个属于自己的故事，但有一点却是相似的，那就是精神上的压力与情绪的紧张。在乐曲《滴雨沉静》中心理教师请来访学生闭上眼睛，在音乐中看看“雨中的自己”是什么样子，然后在纸上把它画出来……丽丽的“雨中的我”一共画了四个场景，场景一：天空中乌云密布，大雨滂沱，一个扎着羊角辫的小女孩独自走在大雨中，没有伞，就这样淋着雨。场景二：女孩在电话亭中避雨，顺带着打电话，电话那边的人都忙，赶不过来送伞，或者干脆就是忙音，女孩很无奈。场景三：女孩独自一人冒雨骑车往前走，路边的行人都在看自己。场景四：女孩浑身湿透，站在一栋高楼前，各家各户的门窗都是紧闭着的，这其中也包括她自己的家。整体来看，除了场景三画面中出现了他人（且是不认识的路人）外，始终只有女孩一个人，孤立无援大概就是这个意思吧。回顾与丽丽的初次访谈，这次绘画与其家庭的现状是矛盾的，可见，丽丽虽表面生活在四口之家中，但其实得不到来自家庭的心理支持，无疑，丽丽的内心是孤独的。生活、学习、交往中的种种压力一旦无处释放、无人支持，久而久之，就有可能使得来访学生身体不适。

（2）帮助来访学生直面压力。在《滴雨沉静》中，“每个人都或多或少感觉到有一些压力，当音乐响起，先让我们在音乐里感受一下压力给我们带来的感觉。”再听一遍：感受最深的是哪一段？感觉音乐是在身体的哪一个地方流过的？再往后，要着重教会来访学生全身放松的方法。如，选择歌曲《在那遥远的地方》，随着音乐节律练习呼吸放松，接着是四肢放松、头部放松以及躯干部放松等。

（3）助力来访学生完成能量提升。在音乐中引导来访学生，“在接下来的这段音乐中，感受一下面对压力我们自身的力量……把感受降至心窝，感受它越来越温暖，感受这种温暖给你带来的力量。这种温暖的感受让你联想到什么情景？让这种愉快的感受放大三倍，十倍，三十倍……（伴随着音乐节奏，引导来访学生不断握拳、放松）。体会一下有什么新的感受？让自己在这种舒服的状态中停留一会儿。”刚开始，丽丽的肌肉一直处在紧绷状态，看得出来，丽丽在努力着，经过几轮的练习后，丽丽已经能较自如地放松自己的身体。丽丽感叹道：原来，我们的身体还可以有这样温暖的体验！

3. 引导来访学生在音乐中重建自我

（1）认识自我是重建自我的基础。先利用《彝族舞曲》帮助来访学生初步了解自己，“闭眼、放松，听一听，哪个乐器像自己？给你带来什么样的感觉？与其他乐器之间的关系怎样？”在音乐疗法过程中，人对音乐的感受能力会大大增强，在音乐的引领下，来访学生的视觉乃至触觉、动觉的想象力都会变得十分敏感丰富。丽丽指出那个沙锤就像自己，只是配角，可有可无，它一直都站在旁边，看着其他人……在与丽丽的进一步交流中证实，丽丽关于自我的力量还比较弱小，在与他人交往的过程中往往处于被动地位，来学校已经快两年了，还没有一位特别要好的朋友。没有家庭的支持，又缺乏同伴力量的支撑，这些因素导致丽丽心理压力过大而出现睡眠障碍。然而，一切外因终究还是要通过内因而起作用，一个人若能拥有一个心理强大的自我，即便生活困难重重，也可以突破自我。

（2）释放情绪，深入了解自己。接下来，通过全身放松后用音乐引导来访学生进入高度专注的状态，使来访学生能够更为自然、自发地进入自己的潜意识或深层情感世界，探索在理性状态中无法体验到的深层自我和深层情感，释放长期压抑的潜意识里的情感和情绪，并更深刻地了解自我。在陆续又经过了几次访谈以后，丽丽压抑的情绪逐渐得到了释放，心情也随之变得轻松。

（3）实现音乐移情。最后，选择乐曲《漫漫人生路》，使用音乐旋律线技术——生命之线，将音乐的情绪复制给来访学生，诱导其对音乐移情。具体操作即让来访学生画过去最重要的经历，第一遍先在无音乐中画人生旋律线（是在认知层面画）；第二遍在音乐中画人生旋律线（用情感回忆人生旅程）。比较一下两条生命线，两者有什么不同？这一次，丽丽学会了接纳自己，甚至欣赏自己。她说：“每个人都有自己的过去，每个人的过去里都有不好的一部分。过去的事情已经发生了，我们没有办法去改变过去，但我们可以改变对过去的事情的看法……”

延伸阅读

什么是音乐疗法

音乐对人的心理具有调节作用，音乐疗法则是以音乐的实用性功能为基础，按照系统的治疗程序，应用音乐相关体验作为手段治疗疾病或促进身心健康的方法。音乐疗法主要有两种方法：一种是接收式音乐疗法，强调聆听音乐以及由聆听音乐所引起的各种生理心理体验。具体方法有：歌曲讨论、音乐回忆、音乐同步、音乐想象、音乐引导想象、音乐强化物、音乐振动治疗、音乐感知觉刺激、投射式音乐聆听、音乐肌肉放松训练、音乐系统脱敏、音乐精神减压放松、音乐催眠等。另一种是再创造式音乐疗法，强调的是让来访者不仅听，而且亲身参与各种音乐活动。通常包括演唱演奏和音乐技能学习等。本案例中学校心理教师主要采用的是第一种音乐疗法。

主要启示

1. 音乐疗法运用一切与音乐有关的活动形式作为手段

通过诸如听、唱、绘画等，音乐疗法也是一个科学的系统治疗过程，包括了各种不同方法与流派理论的应用。

2. 音乐疗法必须包含三个基本因素

即音乐、经过专门训练的音乐治疗师和来访学生，缺少任何一个因素都不能称其为音乐疗法。

3. 音乐疗法可以应用于不同对象的干预提升

音乐疗法可应用于诸如普通学校的普通学生，特殊儿童的发展障碍等。

开发知行课程　筑牢健康之基

——黑龙江省佳木斯市第十九中学新生自信心培养及良好学习习惯养成

情况概述

黑龙江省佳木斯市第十九中学以"'知行合一'教育培养品德高尚、身心健康、习惯优良、能力彰显的学生"为育人目标，并开发了"知行"校本课程，形成了"知行合一"教育办学特色。在促进学生的身心健康发展方面，初一年级侧重适应新环境和习惯养成，初二年级侧重青春期自我意识的发展和人际交往方面，初三年级侧重学业规划和中考辅导。

尤其是面对初一新生的自信心培养和良好习惯养成问题，学校心理教师会结合学生具体情况，引导学生进行自我剖析，即找到学习的动力和阻力。如初一新生小丽在开学的第三个月，便主动来到咨询室进行咨询。原因在于小丽面对困难就容易借口头疼而不去上学。经过心理教师的分析引导，小丽认识到动力是学习进步给她带来的愉悦感，而阻力则是懒惰和学习习惯差。心理教师为她制订了21天习惯养成计划。即与她建立契约，以21天为期限，在这段时间内要求她每天晚上通过微信与心理教师联系，汇报当天的作业及各项作业完成时间安排，教师作为监督者起到督促、鼓励的作用。且来访者需要向心理教师保证两点：第一，21 天内，不准以任何借口不去学校；第二，必须培养自己好的状态和习惯，乐观自信。经过一个月的鼓励和肯定，再次与来访者的谈话中，心理教师发现她已经在状态和习惯上有了较好的改变。

主要做法

1. 心理辅导教师的监督和肯定

小丽第一次来到辅导室时，便给老师留下了深刻的印象——她皮肤略黑，小小的个子，走路时有点驼背，还总喜欢耷拉着脑袋，看向地面。在与她对话的过程中，感觉很拘束，且音量很小。通过这些外在的表现，心理教师明显感受到小丽内心强烈的不安全感，这是心理能量不足的表现。而这也是心理教师在后续的辅导过程中的咨询方向，并明确了引导咨询者建立自信心的目标。

经过与小丽的对话以及向班主任了解小丽的家庭情况，心理教师发现：小丽的问题成因很大一部分源于家庭。小丽爸妈在她上小学时忙于工作，无暇照料她，于是便将她送到奶奶家，周末才将她接回。奶奶毕竟年纪大，也只能在生活方面对小丽进行照料，学习方面不能给予指导。小丽性格本来就很内向，再加上没有爸妈在身边，一旦遇到学习上的难题，她只能自己钻研，如果实在想不出就放弃。久而久之，难题积攒多了，她渐渐地就对学习产生了抵触情绪。有一次，小丽身体不太舒服，便跟奶奶商量不去学校，在家休息一天。奶奶同意了，而这次在家休息的机会竟让她体会到了“头疼”所带来的愉快感。不仅不用去学校，不用面对学习上的各种难题，还可以舒服地躺在家里玩手机，做自己喜欢的事情。自此以后，小丽经常以“头疼”为由不去学校。

对此心理教师鼓励、肯定小丽，引导她认识到自身的价值以及学习上的进步给她带来的愉悦。

2. 社会支持系统的建立

（1）同伴的力量。初中生正值青春期，相较父母，他们更喜欢把心思和烦恼说给朋友听。而朋友在他们的心中也有着非常重的分量。因此，心理教师找到小丽平时比较要好的同学，旨在让同学发挥“榜样”作用，营造一种积极向上、喜爱校园、热爱学习的大环境氛围，对小丽产生积极的影响。

真挚的友情和良好的人际关系也是初中生特别渴求的，良好人际关系建立的前提就是与同学间的密切接触。为了帮助小丽成功迈出人际交往的第一步，心理教师提出了两点建议：一是主动与同学打招呼，不论是在校园还是校外，见到同学，微笑着打招呼，这是建立起良好人际关系的第一步，也是最重要的一步。二是培养共同的爱好，谈一些共同的话题。拥有共同的兴趣和爱好会在很大程度上拉近彼此的关系，也会快速帮助新生间建立起友情的连接。

（2）教师的关爱。每名学生都渴望得到老师的注意和关心，因此，想要帮助小丽建立起好的学习习惯，改变其厌恶学校、借口头疼便不去学校的重要一环就是老师们的态度和做法。让小丽感受到老师对她的期望以及肯定，其学习的主观能动性大大提高了。

基于此，心理教师与小丽的班主任沟通，召集科任教师开了一次碰头会。此次会议的中心思想为“如何帮助小丽建立起自信及如何激发其学习的热情”，提出了切实可行的做法：一是眼神关注。在课堂上多多关注小丽的状态，给予眼神肯定。二是通过提问，及时地给予肯定。对于课堂上一些较容易的问题，多提问小丽，并且在她答对后及时予以表扬。三是课后谈心。了解小丽学习上遇到的困难，帮助其解决，以树立学习的信心。

（3）家长的陪伴。在小丽的成长过程中，其家长没能给予足够的陪伴和关注，这是小丽不良学习习惯形成的重要原因之一。于是心理教师与小丽的班主任沟通，将小丽的父母请到学校，让其父母认识到陪伴和关爱在小丽成长过程中的重要性，并且建议其父母，无论工作多忙，至少保证父母有一人能够对小丽的学习和生活进行照料。

3. 生涯教育的引领作用

在与小丽的聊天中，心理教师发现小丽是一个善于思考的孩子，她虽然相对内向，不爱与人交流自己的想法，但是她有写日记的习惯，她会把自己的一些感悟和见闻通过文字的方式记录在日记本上。对此，心理教师从她感兴趣的方向入手，帮助她规划未来职业发展方向，进而明确当下的学习目标，最大程度激发她的学习内驱力，从根本上解决不爱去学校的问题。

基于此，心理教师与小丽探讨了她未来想从事的职业方向，她表示没有很明确的目标，但是想从事写作方向的职业，例如作家、杂志编辑等。心理教师先是肯定了小丽的想法，并且鼓励她积极追寻自己的理想，然后给她布置了一项课后作业，让她上网查一下理想职业对口的专业是什么，哪些国内高校开设了这一专业，并从中选出三个理想的院校并了解这些学校历年的高考录取线。

再次咨询时，小丽与心理教师分享了所查到的相关资料，心理教师发现她的状态与之前截然不同，双眼非常有神，表现出新奇和激动的心情。除了完成心理教师布置的任务之外，她还向心理教师提出了几个问题：老师，那我考哪个高中，能上理想的大学呢？老师，那你看以我现在的成绩，还有希望吗？对于小丽的问题，心理教师鼓励她，一切还来得及，但是前提是要拥有好的学习习惯，这是实现目标的重要保障。

延伸阅读

培养良好的学习习惯应掌握哪些关键的操作要点

（1）选择强化方式。强化必须及时，每天晚上做反思，每周做小结；

做得好就给自己适当的奖励；做得不好就给自己相应的惩罚。

（2）找到一位可信赖的监督者。虽然强化方式能够在一定程度上激励学生更好地坚持习惯，但是毕竟学生的自控力是有限的，难免有遇到困难想要放弃的时候，因此，找到一名可信赖的监督者是非常必要的。

（3）目标必须单一，不可以同时训练自己两个以上的好习惯。鱼和熊掌不可兼得，好习惯的培养也不可能是一蹴而就的。以小丽为例，她起初要培养的好习惯就是坚持每天去学校，不能遇到困难就找借口在家休息。只有先保证小丽每日去上学，才能制订下一步的计划，即怎样培养其养成良好的学习习惯，例如上课认真听讲、勤记笔记、拥有整理错题的习惯，等等。

主要启示

1. 心理教师要充分相信来访者具有解决自身问题的潜在心理能量，助人自助

初中阶段是学生从童年期向青年期过渡的重要时期，学生处在半幼稚半成熟的状态，既想拥有独立做主的能力，又需要老师或家长适时的引导和帮助。因此，心理教师要善于挖掘学生自身的心理能量，积极地给予肯定和鼓励，帮助他们自己解决遇到的问题。

2. 真诚、共情、积极关注等助人态度在辅导过程中起到关键作用

心理辅导者必备的助人态度即尊重、热情、真诚、共情和积极关注。通过咨询实践，心理教师发现这些助人态度是最基本的，也是决定一次咨询成功与否的关键。

3. 来到辅导室寻求心理辅导的学生，其问题的产生很大程度上与其家庭有密切关系

心理教师在咨询的过程中一定要做好背景调查，即了解学生的家庭背景、成长环境、过往的一些重要经历，等等。这对于后续的咨询和辅导效果将起到决定性的作用。

附件 1　好习惯养成促进卡

目标养成习惯名称：			
监督人：			
习惯养成开始时间：		结束时间：	
该习惯现状：			
目标好习惯达成表现：			
奖励		惩罚	
坚持一天	坚持一周	坚持一天	坚持一周
习惯养成宣言：			
签名：			

附件 2　习惯记录表

周日	周一	周二	周三	周四	周五	周六	周日
第一周							
第二周							
第三周							

注：每天都需要记录，完成好习惯，则打钩（√）。

顶层构建　系统实施　促进学生发展

——黑龙江省实验中学生涯规划实施路径探索与实践

情况概述

黑龙江省实验中学是黑龙江省教育厅直属的省级重点中学，首批全国心理健康教育特色学校，荣获全国文明单位、全国教育系统先进集体等荣誉称号，2020年被教育部确定为普通高中新课程新教材实施国家级示范校。学校以“谋师生终身之发展，育家国未来之栋梁”为办学理念，致力于培养具有生命活力、研究潜力、创新能力和报国实力的未来栋梁。依据2010年国务院发布的《国家中长期教育改革和发展规划纲要（2010—2020年）》，学校开始了生涯规划指导研究。

学校生涯规划指导至今经历了两个发展阶段：第一阶段（2010—2018年）是探索实施阶段。学校进行了生涯规划硬件建设、骨干教师队伍培训、生涯课程体系建构、生涯课堂教学探索、校本教材编制等工作，依托哈尔滨市名师工作室建设，发挥区域引领作用，2018年学校生涯规划的研究成果获黑龙江省基础教育教学成果一等奖。第二阶段（2018年至今）是系统深化阶段。随着新高考、新课程改革持续推进，研究型高中、双新示范校建设全面开展，学校将生涯规划作为学生发展指导重要内容，进一步深化了生涯规划指导工作。

主要做法

1. 准确定位，以促进学生发展开展生涯规划

学校将生涯规划指导与理想指导、学业指导、生活指导、心理指导相互协同，更加凸显了落实“立德树人”根本任务，以学生为成长主体的全方位育人思想，以实现学生全面而有个性的发展。出台并修订《黑龙江省实验中学学生发展指导实施方案》，成立学生发展指导工作委员会，指导德育处、教务处、年级组、生涯规划教研室等部门全面开展理想、学业、生涯、生活、心理指导工作。

2. 深化课程，在研究型课程中建构生涯规划

学校形成了完整的研究型课程体系，生涯规划课程不断深化，并将其作为生命活力课程的重要部分，在培养学生生命活力、研究潜力、创新能力、报国实力上持续助力。学校进一步明晰了生涯规划具体目标，生涯规划指导围绕紧紧具体目标，通过生涯学科课程、生涯实践课程、生涯规划指导课程全面开展。

3. 聚焦成长，全力开展系统性的生涯规划

学校不断探索生涯规划的实施路径，深化了基于课堂、基于实践、基于指导的生涯规划课程体系。

（1）开展基于课堂的生涯课程。教师研发校本必修课教材，每年更新，目前已更新至第五版，以自我探索、职业探索、学业探索、生涯管理和决策为主要内容。在必修课之外，开设了领导力训练、情绪管理、积极心理学、社会心理学等校本选修课程，组建学生兴趣社团。学科教师在教学中融合促进学生生涯发展的理念，指导不同学情的学生解决学业困惑、探索学科发展与自我成长。学校确立了“初高中适应”“寻梦大学”等八

类生涯指导主题班会，引导学生认识自我、发展自我。

（2）开展基于实践的生涯课程。这部分课程与课堂内容紧密结合，依据教学内容和进度组织开展，将生涯实践贯穿到学期与假期中。为保证实践课程效果，在每一项课程开始前制订详细方案，对角色进行细致指导，通过参与学生的多元评价促进生涯实践的深入开展。如每学期的“家长选课走班的职业讲堂”“生涯人物访谈”“生涯心理周”“大学专业探索主题研究性学习”，学年度末的“寻梦——我的生涯规划书设计”“学长讲师团”“优秀学长笔记”，暑假的菜单式的“深度走进高校”、寒假的“职业零距离”实践、研学旅行等生涯实践为学生的生涯探索提供了实践基础。

（3）开展基于指导的生涯课程。指导课程立足于面向学生个体或共性的学生群体，提升学生个性化的规划能力。在实施过程中，建立了以家长、专家、校友、校领导、学科教师、班主任、生涯教师等多角度的校内外导师队伍，校内导师包括生涯导师、班主任导师、学科导师、项目导师，导师们在实践中形成了各具特色的指导系列，提高了生涯规划指导的针对性与有效性。如“优秀校友报告会”“科学家报告会”让学生领略到了书本不曾领略到的魅力风景；校园表彰大会表彰优秀学生，示范优秀榜样，指导学生规划下一步学习生活；“百日规划大会”帮助高三学生从容面对高考；对高三学生进行面试指导、学科导师开展“完美面对”大赛，指导学生撰写推荐信，提升面试能力；家长志愿填报指导、家长心理教育指导，个性化生涯测评等开阔了家长和学生的成长视野，发展了学生的生涯规划能力。

（4）开展课程实施的调研评估。学校重视生涯规划阶段性评估，以科学评估促进高效发展。近期，学校组织全校师生进行了生涯规划指导实施现状调研，学校先后对三个年级 2422 名学生与 192 名教师开展了学生发展指导现状调查，调查采用华东师范大学普通高中教育研究所编制的问卷，对学生生涯规划指导的现状与需求、教师指导的意愿与能力进行调查评估。通过调研，掌握生涯规划实施中的亮点和薄弱之处，全面而有重点地推进工作。

4. 拓展资源，建设互通互联的资源平台

在资源丰富、更新快速、网络便捷的信息背景下，通过学校智慧校园学习平台，在校园网站链入生涯测评系统，方便学生日常探索参考；启动线上生涯课程资源库的建设，教师精选线上资源，开发特色资源，推动生涯线上线下资源的融合发展，如遴选各行各业最新分析、录制专题微课程、推送个性化资源等，更好地服务生涯课程的开展和学生自主学习。

延伸阅读

如何将社会资源转化为教育资源

社会资源并不等同于教育资源，因此，学校要有意识地将社会资源转化为教育资源。这需要承担教育职责的学校同作为社会资源代表的企事业之间建立紧密联系，明确教育需求与资源呈现在教育实践意义上的结合点。同时，学校和企事业单位要有较为明确、稳定的人员负责相关工作，利于跟踪实践效果的反馈途径，促进实践的持续发展。

在实践过程中教育效果反馈，可分为短期反馈和长期反馈。短期反馈，指的是在每次实践体验结束后，学生的即时所思、所感所想，例如学校在某项生涯实践结束后，组织生涯实践报告会，提升总结，同时教师在与学生实践中，真实地了解学生的体验。长期反馈，指的是在生涯实践基地建立后，对于后续开展实践活动的反思和调整，依据学段学生特点，随着社会资源变化进行调整，形成途径稳定、体验灵活的实践新模式。

在此基础上，学校可以更好地实现对学生生涯规划指导的连续性与发展性，同时利于给出专业性与个性化的实践指导，将社会资源内化成学校的教育资源，建立一批优质生涯实践基地。

主要启示

1. 落实上级指导，扎实行动

学校生涯规划实施路径的研究实践，省、市教育行政部门、指导部门对生涯规划工作指导与推进、教师队伍的组建与培训的引领是基层学校开展此项工作的重要保障。

2. 始终主动学习，领会精神

基层学校及时掌握国家要求、领会文件精神，通过课题研究、问题化学习方式先行探索、不断总结成果、向先进地区和学校学习，这在高考综合改革实践与新课程新教材全面实施中有重要意义。

3. 开展效果评估，及时调整

在实践探索中及时开展效果评估评价。在实践的各阶段既要从实践本身的价值、设计、方法上进行评价，又要从实践效果上进行自我评价、师生家长评价及成果推广单位评价。

4. 统筹实施全程，重点推进

在生涯规划指导具体实施中，生涯规划指导队伍建设是生涯规划指导开展的关键，生涯实践是学生生涯探索中的重要路径，学校各部门协同合作是发挥生涯教育作用的重要保障，校内外基地建设是学生生涯发展的沃土。

感恩生命中的添油人

——海南省海口市滨海第九小学生命教育主题系列活动

情况概述

2020年，一场突如其来的新冠肺炎疫情给人们的生活带来了巨大的冲击和伤痛，生离死别、请缨赴命的种种事迹引发了人们对生命的反思，也给人们上了一堂刻骨铭心的生命教育课。为此，海南省海口市滨海第九小学以“感恩生命中的添油人”为主题开展了关于疫期的小学生命教育主题系列活动。并动员德育处、大队部、心理科组和班主任团队针对学生不同年龄段身心发展特点，制定了不同阶段的活动任务，并利用社会大课堂、家庭教育主阵地、网络主题活动三方资源的合力开展生命教育，引导学生认识生命的价值和内涵，使得学生对生命持有更加积极的态度。

“感恩生命中的添油人”主题系列活动以“生命为本”的理念作为基点；以尊重生命、敬畏自然、追求生命的意义为核心，旨在提高学校师生关注生命、心存感恩的意识，营造健康、和谐、愉快的生命成长环境，加强对有心理困惑同学的关心、理解和帮扶意识，共同创建“和谐互助、生命相惜”的良好氛围，从而促进学生身心健康成长。这次活动富有新意、影响广泛，获得了学校师生、家长、校际教师以及海南省心理教研员的高度肯定和赞扬。

主要做法

1. 整合校内外资源，发挥联动合作功能

活动由学校领导以及海南省、市心理教研员指导，以生命教育为主题，由学校心理健康课组针对六个年级分别设计系列活动任务和方案。活动由德育处和心理组策划，大队部、班主任辅导员布置执行，以校领导为依托和支持，将任务布置落实推进通过利用社会大课堂资源、发挥家庭教育主阵地、开展网络线上主题活动三方面的合力开展生命教育，从而提升生命教育的影响力和辐射范围。

2. 因时制宜地创设生命教育氛围，立足学情有序开展和逐步推进

该活动根据疫情的不同时期和学生学情，通过三个阶段进行有序开展和逐步推进。

（1）第一阶段："停课不停学，疫情心成长"的主题任务。心理健康课组布置了线上的生命教育工作任务，学校领导将任务布置落实，针对不同年级学生身心发展特点分别制定了不同阶段的活动任务，使学生对生命有着不同层次的认识。一年级：通过阅读绘本《花婆婆》，学生能够认识生命的意义在于追寻和传播美丽的爱。二年级：通过观看儿童生命教育短片，帮助学生认识到生命的时间是有限的。通过回忆制作疫情期间在家做过的有意义的事情，学生能够认识到生命的价值是无限的，人生要让有限的生命发挥无限的精彩。三年级：通过制作时间轴撕纸游戏，学生能够直观感受生命的长度，认识时间的宝贵，进而学会珍惜生命。四年级：通过了解疫情期间父母的工作任务，学生能够体会每一个平凡的岗位都是伟大的，都在守护着彼此的平安健康、国家的兴旺繁荣。只有在任何一个平凡的岗位都肩负起责任，做最好的自己，才能成就最伟大的时代。做一个有

责任、有担当的人，才是生命价值的体现。五年级：通过观看《他们鼎力支援中国》短视频，查询记录疫情期间全国各地对武汉的支援行动，学生能够体会生命中团结的力量，认识到所有人是命运共同体，一方有难，八方支援。六年级：通过观看视频《工作细胞》，学生能够认识到保障生命运行的单个细胞的工作方式，从而科学认识生命，敬畏生命，遵循规律。

（2）第二阶段："感恩我生命中的添油人"绘本研学活动。在潘华莉校长的支持下，该校心理教师以"生命教育和感恩教育"为主题创作了绘本故事《生命中的添油人》，"添油人"寓意帮助过自己的人。该故事讲述了一个煤油灯宝宝的成长经历，刚开始他因为外形特殊而不被同伴理解、但他依然坚持着自己的那份善良，因为他看到自己身边始终有那么一些善良的人，在他需要的时候为他添油、给他支持，最终他的善良换来了他一直渴望的理解和友谊。学校将这个故事制成了绘本，并特邀学生和家长协同合作将其配音，录制成视频，最后结合该校第八届5·25心理健康周开展一系列生命教育活动。

此外，学校以"感恩生命中的添油人"为主题，组织学生分年段进行艺术创作。一年级、二年级：绘画创作。绘画主题是"感恩我生命的添油人"，添油人可以是自己的父母家人或者是老师朋友，也可以是与自己关系密切的人物。三年级、四年级：情寄书信。信的主题是"给社会大家庭里添油的人们"，添油人可以是交通警察、医护人员、军人、警察、环卫工人等在社会上作出贡献，发挥重要作用的人们。班主任需引导学生形成回馈社会的意识，当他们在给别人写这封信的同时，他们也成为为别人生命增添温暖的添油人。五年级、六年级：我和添油人的故事。写出一个自己想要感谢的"生命中的添油人"及理由，可以是父母、同学、老师、朋友，或者任何一个给学生生命带来温暖的重要他人，并简单写写学生与他们之间的故事，他因为做过什么而成为学生生命中的添油人。

（3）第三阶段："小学生命教育课程线上展示"的辐射推广培训。学校心理教师团队原创设计生命教育系列课程，一个年级一节课，六个年级全覆盖，逐步构建生命教育系列课程体系。为了能将该课程推广至更多学校、惠及更多学生，该校心理教师除了提供教学设计和课件，还推出了相应的课堂操作指导微课，课堂设计教师在指导微课中表达该课的设计理念、教学目标、操作流程、注意事项等。六节课对应六个指导微课。这六节课分别为：一年级刘保健老师的“我诞生的旅程”；二年级孙芹红老师的“美丽的谎言”；三年级王爱迪老师的“一片叶子落下来”；四年级刘保健老师的“尚万的故事”；五年级林芳老师的“知死重生”；六年级何丽贞老师的“我们在成长”。

心理教师团队为了能将这些课形成更完整的课程成品，除了针对每节课推出相应的教学设计讲解微课之外，还将每一节课进行微格录制，后期反复研磨改进，逐步形成较为实用的小学生生命教育系列课程体系。课程构建完成后进行线上推广，培训推广主要以钉钉为平台，通过课堂直播、教学设计讲解的形式，与全市心理教师以及其他听课教师分享了该系列课程，海口市教育研究培训院的心理教研员林翅老师组织全海口市的小学心理教师观看研讨了该系列视频。

延伸阅读

人本主义心理学视野下的生命教育

20 世纪 60 年代美国学者从探索死亡教育开始，到了 50 年代末 60 年代初成为教育的一门分支学科，逐步发展为“生死教育”，到 20 世纪末西方发达国家中小学已基本普及了生命教育，直到 20 世纪 90 年代生命教育引入我国，国内学者逐渐研究具有本土化特色的生命教育。生命教育的核心是以生命为本，体现身为“人”的本真价值，也就是对生命的关怀。

人本主义心理学家强调人的尊严、价值、创造力和自我实现，把人的本性的自我实现归结为潜能的发挥，主张把理性与情感体验相结合，把生命看作一个整体，注重对人内在价值的研究，对生命教育有着直接的理论基础。人本主义心理学中的马斯洛需要层次理论可以解释人类对待生命的真实态度，从而能够从根源上理解人性需要以及面对生死的真实情绪感触，根源需要被理解自然能产生更高需要层次的升级，更好地实现最高层次的体验，也就是生命价值的自我实现。

主要启示

1. 校园中的生命教育不只是面向学生

近年来，中小学生群体出现的生命安全事故频繁发生，给家庭、学校和社会带来了许多痛苦。这种现象一方面说明社会的发展越来越复杂，另一方面也暴露出我国中小学生命教育存在缺口。学校应承担起生命教育的主要任务，要在平时的教育教学活动中加强生命教育，重视生命教育资源的开发，做好家校共育，充分发挥家庭对生命教育的启蒙作用，同时呼吁社会各界携手构建良好的生命教育环境。

教师是生命教育过程中不可或缺的角色，是学生认知和情感价值观形成的引导者和领路人。教师所拥有的生命教育的智慧对学生的身心发展会产生潜移默化的重大影响。但教师绝不仅是传播生命教育理念的人，作为一个保持成长的成年人，教师对于生命的理解和态度也受到周遭环境的影响。教师应多加强自身修养的建设，培养深邃的生命教育情怀，践行生命化的教育方式，尊重、热爱学生，赏识学生，创造温馨、和谐、充满活力的教育情境和教学空间，构建以生命影响生命的过程。

2. 德育和心育结合，构成更符合中国文化和社会价值取向的生命教育

生命教育既是一切教育的前提，同时还是教育的最高追求。长江学者

冯建军教授认为，生命是教育之本，是教育存在的根本性依据。从教育的本质来说，生命的存在既是教育的基本前提，也是教育的最终旨归。生命教育是学校德育工作的重要组成部分，是素质教育的重要内容。

教育是内化于心的过程，相较于对学生思想品德上的教化，在要求他们珍爱生命的基础上，学校要更加注重学生能否在对生命这个话题产生困惑的时候勇敢地提出来讨论，真实地去面对生命中比较灰冷的一面。

责任编辑：杨瑞勇
封面设计：石笑梦
责任校对：吕　飞

图书在版编目（CIP）数据

中小学心理健康教育案例选编．第一辑／何妍，俞国良 主编．— 北京：
人民出版社，2022.7
ISBN 978 – 7 – 01 – 024784 – 7

I. ①中…　II. ①何… ②俞…　III. ①心理健康 – 健康教育 – 教案（教育）– 中小学
IV. ① G444

中国版本图书馆 CIP 数据核字（2022）第 084484 号

中小学心理健康教育案例选编
ZHONGXIAOXUE XINLI JIANKANG JIAOYU ANLI XUANBIAN
（第一辑）

何妍　俞国良　主编

人民出版社 出版发行
（100706　北京市东城区隆福寺街 99 号）

中煤（北京）印务有限公司印刷　新华书店经销

2022 年 7 月第 1 版　2022 年 7 月北京第 1 次印刷
开本：710 毫米 ×1000 毫米 1/16　印张：17.75
字数：252 千字

ISBN 978 – 7 – 01 – 024784 – 7　定价：58.00 元

邮购地址 100706　北京市东城区隆福寺街 99 号
人民东方图书销售中心　电话（010）65250042　65289539